Johann Dachs

Vergessene Verbrechen aus Altbayern

Die Giftmischerin und andere wahre Kriminalfälle

Johann Dachs

VERGESSENE VERBRECHEN AUS ALTBAYERN

Die Giftmischerin und andere wahre Kriminalfälle

SüdOst Verlag

Bibliografische Information der Deutschen Nationalbibliothek

Die Deutsche Nationalbibliothek verzeichnet diese Publikation in der Deutschen Nationalbibliografie; detaillierte bibliografische Daten sind im Internet über http://dnb.dnb.de abrufbar.
ISBN 978-3-95587-835-1

Für uns, die Battenberg Gietl Verlag GmbH mit all ihren Imprint-Verlagen, ist Nachhaltigkeit ein wichtiger Teil unserer Unternehmensphilosophie. Daher achten wir bei allen unseren Produkten auf den Einsatz umweltschonender Ressourcen und Materialien.
Dieses Buch wurde auf FSC®-zertifiziertem Papier gedruckt. FSC (Forest Stewardship Council®) ist eine nicht staatliche, gemeinnützige Organisation, die sich für die verantwortungsvolle und ökologische Nutzung der Wälder unserer Erde einsetzt.

Unsere Partnerdruckerei kann zudem für den gesamten Herstellungsprozess nachfolgende Zertifikate vorweisen:
- Zertifizierung für FOGRA PSO
- Zertifizierungssystem FSC®
- Leitlinien zur klimaneutralen Produktion (Carbon Footprint)
- Zertifizierung EcoVadis (die Methodik besteht aus 21 Kriterien in den Bereichen Umwelt, Einhaltung menschlicher Rechte und Ethik)
- Zertifikat zum Energieverbrauch aus 100 % erneuerbaren Quellen
- Teilnahme am Projekt „Grünes Unternehmen" zum Schutz von Naturressourcen und der menschlichen Gesundheit

Titelabbildung: AdobeStock_604945630_Starush

3. Auflage 2024
Titel der Vorauflagen: „Tollkirschen im Blaubeersaft"
ISBN 978-3-95587-835-1

www.battenberg-gietl.de

VORWORT DES VERLAGS

Johann Dachs ist im Jahr 2007 verstorben. Als Verlag war es uns ein großes Anliegen, das Werk des fachkundigen Autors interessierten Leserinnen und Lesern auch weiterhin zur Verfügung zu stellen. Mittlerweile befindet sich das Buch bereits in der 3. Auflage; die Texte wurden jedoch in ihrer ursprünglichen Form belassen.

Regenstauf, im Oktober 2024 Battenberg Gietl Verlag

VORWORT DES AUTORS

Das vorliegende Buch skizziert eine Anzahl von Gewaltverbrechen, die sich in der ersten Hälfte des 20. Jahrhunderts in Teilen Niederbayerns, der Oberpfalz und Oberbayerns ereigneten und dort bei der Bevölkerung Angst und Entsetzen hervorriefen. Die Motive für diese Taten waren vielschichtig; Neid, Habgier, Eifersucht, Haß, Rachsucht, sexuelle Perversität oder auch Existenzangst sind als Gründe zu nennen. Zu den Verbrechensopfern zählten Ehegatten, Geschwister, Kinder, Rivalen genauso wie Schwangere, Geliebte, Zufallsbekanntschaften oder Gendarmen. Pistole, Gewehr, Messer, Dolch, Schlagwerkzeuge, Strick, Schnur, Gift und die bloßen Hände dienten den Tätern als Mordwerkzeuge.

Die einzelnen schweren Straftaten sind ausgewählt aus einer Zeitepoche, die es zuläßt, Einzelheiten in aller Deutlichkeit zu schildern, ohne mit den gegenwärtig geltenden datenschutzrechtlichen Bestimmungen in Widerstreit zu kommen. Wo es möglich war, Tatvorgänge mit amtlichem Beweismaterial zu unterlegen und Fotografien von Tätern und Tatorten anzufügen, habe ich davon Gebrauch gemacht.

Ich hoffe, daß die Schilderungen wahrer Begebenheiten einen hinreichenden Eindruck vermitteln, welche Gründe Menschen schon seit jeher veranlaßt haben, das Leben anderer um des eigenen Vorteils wegen auszulöschen. Nicht Sensationslust, sondern das Bestreben, den Ereignissen der Vergangenheit gerecht zu werden, war der maßgebende Grund dafür, dieses Buch zu schreiben. Die Rückerinnerung an schlimme Verbrechen betrachte ich als ein Stück Zeitgeschichte. Ob die verehrten Leser dies ebenso sehen, möchte ich ihrer Weisheit und ihrem Empfinden überantworten.

Johann Dachs

INHALT

VORWORT 5

Schwurgericht beim Landgericht Amberg:

❶ DER EISKALTE MÖRDER
Schwend bei Sulzbach-Rosenberg 9
Lkr. Amberg-Sulzbach, Oberpfalz

❷ DER HAUSTYRANN
Kothmaißling, Bezirksamt Cham 13
Lkr. Cham, Oberpfalz

Schwurgericht beim Landgericht Deggendorf:

❸ IM DUNKEL DER BÄUME
Göttersdorf-Holzhäuser, Bezirksamt Vilshofen 20
Lkr. Deggendorf, Niederbayern

❹ DIE STEINKIRCHNER POLIZISTENMORDE
Steinkirchen, Landkreis Deggendorf 28
Lkr. Deggendorf, Niederbayern

Volksgericht beim Landgericht Landshut:

❺ TÖDLICHE EIFERSUCHT
Oberaichbach bei Landshut 34
Lkr. Landshut, Niederbayern

❻ DER GEHEIMNISVOLLE DOLCH
Landshut 42
Lkr. Landshut, Niederbayern

Schwurgericht beim Landgericht Landshut:

❼ DIE TOTE IM KORNFELD
Hettenkirchen, Bezirksamt Freising 54
Lkr. Freising, Oberbayern

❽ EINE UNHEILVOLLE ALLIANZ
Gröben, Bezirksamt Dingolfing 62
Lkr. Dingolfing-Landau, Niederbayern

Volksgericht beim Landgericht Passau:

❾ KOMMISSAR ZUFALL
Thannöd, Bezirksamt Pfarrkirchen 76
Lkr. Rottal-Inn, Niederbayern

Volksgericht beim Landgericht Regensburg:
⑩ DER ABSCHIEDSBRIEF
Oberndorf bei Bad Abbach 88
Lkr. Kelheim, Niederbayern

⑪ DIE TOTE IN DER KIESGRUBE
Offenstetten bei Kelheim 96
Lkr. Kelheim, Niederbayern

Schwurgericht beim Landgericht Regensburg:
⑫ BLUTSCHANDE
Herrnsaal bei Kelheim 100
Lkr. Kelheim, Niederbayern

Landgericht Regensburg:
⑬ DER VERSCHMÄHTE HOCHZEITER
Zinzenzell, Bezirksamt Bogen 106
Lkr. Straubing-Bogen, Niederbayern

Schwurgericht beim Landgericht Straubing:
⑭ DER SCHULDENBERG
Viechtach 110
Lkr. Regen, Niederbayern

⑮ 20 GLÄSER BIER
Mainburg 126
Lkr. Kelheim, Niederbayern

Volksgericht beim Landgericht Traunstein:
⑯ DIE GIFTMISCHERIN
Altenmarkt, Bezirksamt Traunstein 138
Lkr. Traunstein, Oberbayern

⑰ DER HINTERHALT
Lampoding/Pirach, Bezirksamt Laufen 148
Lkr. Traunstein, Oberbayern

NACHWORT 156

1
2
3
4
5
6
7
8
9
10
11
12
13
14
15
16
17
Neuhaus a.d.Pegnitz
Vilseck
Vohenstrauß
Bělá nad Radbuzou
Stod
Holýšov
Edelsfeld
Luhe-Wildenau
Eslarn
Český les
Hostouň
Horšovský Týn
Merkli
Hirschau
Wernberg-Köblitz
Sulzbach-Rosenberg
Schönsee
Pobězovice
Pfreimd
Freudenberg
Teunz
Oberviechtach
Postřekov
Amberg
Nabburg
Kümmersbruck
Winklarn
Böhmerwald
Schwarzenfeld
Kdyně
Lauterhofen
Neunburg vorm Wald
Rötz
Waldmünchen
Pocinovice
Schwandorf
im Wald
Eschlkam
Nýrsko
Dešenice
Neumarkt in der Oberpfalz
Hohenburg
Bodenwöhr
Bruck in der Oberpfalz
Cham
Teublitz
Maxhütte-Haidhof
Velburg
Burglengenfeld
Nittenau
Heide
Roding
Chamerau
Lam
Parsberg
Kallmünz
Arnbruck
Regenstauf
Bayerischer Wald
Prackenbach
Viechtach
Bodenmais
Hemau
Lappersdorf
Beilngries
Regensburg
Wörth an der Donau
Dietfurt an der Altmühl
Neutraubling
Riedenburg
Pfatter
Regen
Bad Abbach
Alteglofsheim
Rain
Straubing
Sünching
Grafling
Neustadt an der Donau
Schierling
Geiselhöring
Straßkirchen
Deggendorf
Plattling
Leiblfing
Hengersberg
Vohburg der Don
Siegenburg
Ernsgaden
Wallersdorf
Rottenburg an der Laaber
Mengkofen
Iggensbach
Pilsting
Landau an der Isar
Geisenfeld
Ergoldsbach
Pfeffenhausen
Mainburg
Dingolfing
Eichendorf
Gergweis
Wolnzach
Wörth an der Isar
Ergolding
Reisbach
Arnstorf
Aidenbach
Pfaffenhofen an der Ilm
Nandlstadt
Landshut
Frontenhausen
Simbach
Gerzen
Moosburg an der Isar
Schönau
Geisenhausen
Vilsbiburg
Gangkofen
Bad Birnbach
Freising
Wartenberg
Eggenfelden
Triftern
Hebertsfelden
Egglkofen
Neumarkt-Sankt Veit
Taufkirchen (Vils)
Rotthalmünster
Inning am Holz
Erding
Reischach
Simbach am Inn
Unterschleißheim
Dorfen
Schwindegg
Braunau am Inn
Garching bei München
Ampfing
Mühldorf am Inn
Marktl
Altötting
Ismaning
Isen
Waldkraiburg
Unterföhring
Burgkirchen an der Alz
Mauerkirchen
Poing
München
Haag in Oberbayern
Burghausen
Haar
Vaterstetten
Garching an der Alz
Mattighofen
Ebersberg
Unterhaching
Grafing bei München
Wasserburg am Inn
Eggelsberg
Ottobrunn
Taufkirchen
Oberhaching
Edling
Altenmarkt an der Alz
Trostberg
Fridolfing
Lamprechtshausen
Obing
Sauerlach
Rott am Inn
Traunreut
Waging am See
Oberndorf bei Salzburg
Halfing
Bad Endorf
Laufen (Salzach)
Holzkirchen
Bruckmühl
Bad Aibling
Prien am Chiemsee
Traunstein
Seekirchen am Wallersee
Geretsried
Rosenheim
Teisendorf
Freilassing
Kolbermoor
Bernau am Chiemsee
Siegsdorf
Miesbach
Raubling
Liefering
Salzburg
Bad Tölz
Gmund
Hausham
Bad Feilnbach
Ruhpolding

1. DER EISKALTE MÖRDER

Schwend bei Sulzbach-Rosenberg

Landkreis Amberg-Sulzbach, Oberpfalz

Der Amtsbote Haberland vom Landgericht Amberg heftete mit vier Reißnägeln folgende Mitteilung an die Anschlagtafel im Gerichtsflur:

BEKANNTMACHUNG

JOSEF RUPPRECHT, geboren am 28. August 1862 zu Kager, Amtsgerichtsbezirk Cham, lediger Taglöhner von Kolmberg, wird auf Grund des rechtskräftigen Urteils des Schwurgerichts bei dem k. Landgerichte Amberg vom 19. Januar 1903 wegen des am 8. November 1902 an dem Maurer JOHANN KRÖNER von Forchheim verübten Verbrechens des Mordes im Vollzuge der hiewegen erkannten Todesstrafe am Freitag, den 6. März 1903, früh 7 Uhr in dem umschlossenen Hofraum des Landgerichtsgefängnisses mittels des Fallschwertes hingerichtet werden.

Amberg, den 5. März 1903 *Der k. I. Staatsanwalt*
Unterschrift

Josef Rupprecht hatte mit den Maurerleuten Kröner und Wecker bei dem Ökonomen und Viehhändler Georg Scharrer in Schwend bei Sulzbach als Steineklopfer gearbeitet. Ihre gemeinsame Arbeit bestand darin, Steinhaufen auf der Distriktstraße zwischen Schwend und Schwenderöd zu zerkleinern. Sie vertrugen sich recht gut, wenngleich Johann Kröner hin und wieder etwas brummig war, bekam er nicht genug Bier zum Trinken.
Es war der 8. November 1902, als Rupprecht und Kröner Steine von einem größeren Steinhaufen klopften. Wecker zertrümmerte etwas abseits einen großen Kiesel. Johann Kröner klagte darüber, daß die Arbeit zwischen ihnen ungleich verteilt sei und daß er immer die größten Haufen und die größten Steine zum Zerschlagen bekomme. Rupprecht entgegnete ihm, er habe doch immer etwas auszusetzen,

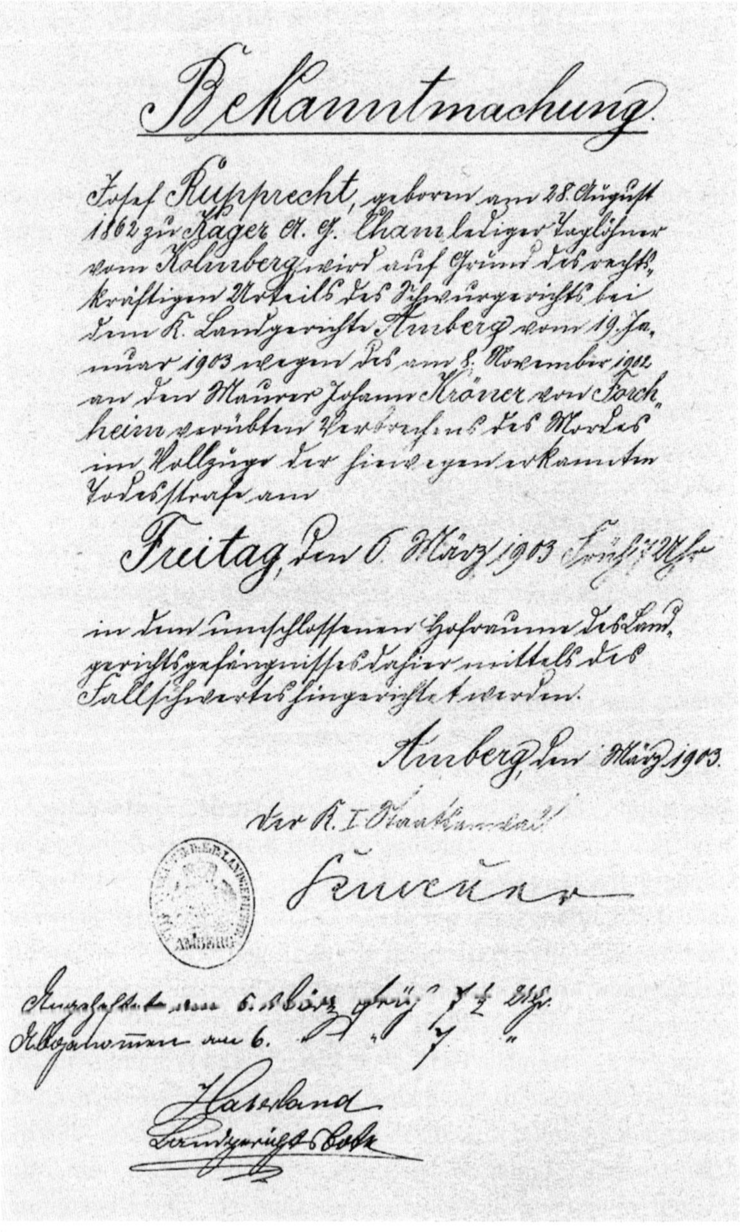

Bekanntmachung

Josef Rupprecht, geboren am 28. August 1862 zu Kager O. Pf. Cham, lediger Taglöhner von Kolmberg, wird auf Grund des rechtskräftigen Urteils des Schwurgerichts bei dem K. Landgerichte Amberg vom 19. Januar 1903 wegen des am 8. November 1902 an dem Maurer Johann Kröner von Forchheim verübten Verbrechens des Mordes im Vollzuge der hierdurch erkannten Todesstrafe am

Freitag, den 6. März 1903 früh 7 Uhr

in dem umschlossenen Hofraume des Landgerichtsgefängnisses dahier mittels des Fallschwertes hingerichtet werden.

Amberg, den März 1903.

Der K. I. Staatsanwalt
[illegible]

Ausgehängt am 6. März früh 7 ½ Uhr
Abgenommen am 6. " " 7 "

Haverland
[illegible]

Abb. 1: Amtliche Bekanntmachung über die Hinrichtung von Josef Rupprecht

er solle das Meckern sein lassen. Daraufhin nannte Kröner ihn einen „rotzigen Rotzbuben“. Das war für Josef Rupprecht zu viel. „Wos bin i?“ – rief er aus, ging um den Steinhaufen herum und schlug seinem Maurerkollegen seinen sechspfündigen Steinschlegel mit voller Wucht auf den Kopf. Damit nicht genug. Rupprecht holte zu einem zweiten Schlag aus und zertrümmerte den Schädel seines Opfers in zwei Teile. Johann Kröner war tot.

Josef Rupprecht ließ seine grausige Tat kalt. Ungerührt ging er zum Arbeitgeber in dessen Haus und verlangte seine Papiere, um sich davonzumachen. In aller Gemütsruhe erzählte er, draußen auf der Straße einen erschlagen zu haben, weil dieser ihn beleidigt habe. Der Ökonom Scharrer verständigte die Gendarmerie und verhinderte, daß Rupprecht fliehen konnte. Als dieser merkte, daß er in der Falle saß, forderte er eine Maß Bier, die er rasch trank. Ein weiteres Bier wurde ihm verweigert.

Auf dem Weg ins Gefängnis nach Sulzbach geriet Rupprecht in einen heftigen Streit mit dem Schmiedemeister Hufnagl von Schwend, der eine Weile ihn und die Gendarmen begleitete. „Dich soll man genau so erschlagen, wie Du's mit dem Kröner g'macht hast“, schrie der Schmied den Rupprecht an. Dieser versuchte, obwohl gefesselt, an Hufnagl heranzukommen, um ihm mit den Füßen in den Unterleib zu treten. Es gelang ihm auch, mit dem Fuß nach dem Schmied zu stoßen. Von den Gendarmen zurückgerissen, brüllte er: „Wenn die da mich ned halten tät'n, i tretet Dir die Wampen ein. Da brauchats ned vui und Du waratst tot.“

Rupprecht zeigte keine Reue. Er gab sich vielmehr so, als würde er sich darüber freuen, den Kröner umgebracht zu haben. Wie er besonders betonte, führte er den zweiten Schlag gegen ihn bewußt deswegen, damit der „Hund“ auch sicher „verreckte“. Der Taglöhner galt als äußerst gewalttätig und war vielfach vorbestraft. Auf die Frage, warum er denn gar so arg zugeschlagen habe, antwortete er: „I ois oider Eisenbahner, i hob an Zug ön Arm. Dös ist bei mir nöd aso, wiea wenn a Dienstknecht oder sonst oaner hinhaut. Wenn i zuaschlog, derf koa Kraut mehr wachs'n.“ Und er zeigte auch keinerlei Reue: „I bin froh, daß i eam daschlog'n hob. Wenn mi heit' wieder oana a so

ärgern tät, wiea da Kröner, i daschlogat'n a wieder. I hob mia im G'fängnis amoi g'schwor'n, daß i an jed'n, der mi ärgert oder beleidigt, schlag, so lang bis er hin is. Den Kröner hob i daschlog'n, um meinen Schwur zu hoit'n." Rupprecht spielte damit auf einen Vorfall im Gefängnis in Laufen an, als ihn ein Aufseher vor den Strafrapport der Strafanstalt brachte. Wie er gegenüber Zeugen argumentierte, hätte er den lausigen Wärter am liebsten sofort erschlagen, habe ihn aber nicht zu fassen bekommen. Das war der Anlaß für ihn gewesen, sich zu schwören, jeden umzubringen, der ihn beleidige.
Rupprechts rohe Sinnesart drückte sich auch darin aus, daß er zum Gendarm noch sagte: „Wenn ma ebbas bereut, nachat tuat mas ned. Wos ma aber überlegt, dös bereut ma ned. Beim Kröner hob is mir überlegt, wos i tua. Der is guat hin." Während der Gerichtsverhandlung antwortete er auf die Fragen des Staatsanwalts und der Richter zynisch und frech und glaubte, durch seine Roheit Eindruck machen zu können. Die Geschworenen mit ihrem Obmann Dorfner fanden es als bewiesen, daß Rupprecht die Bluttat vorsätzlich überlegt ausgeführt hatte, und sprachen ihn des Mordes schuldig.
Das Schwurgericht unter Vorsitz des k. Oberlandgerichtsrates Dittmar und der beisitzenden Landgerichtsräte Müller und Wächter sowie des k. III. Staatsanwalts Güntzer verurteilten daraufhin den 40jährigen Taglöhner Josef Rupprecht zum Tode und Aberkennung der bürgerlichen Ehrenrechte auf Lebensdauer.
Rupprecht nahm das Urteil mit den Worten entgegen: „Dös is mir egal. Ihr könnt's mi oisamt mitanander."

2. DER HAUSTYRANN

Kothmaißling, Bezirksamt Cham

Landkreis Cham, Oberpfalz

Die Leute von Grasfilzing in der Chamer Gegend wußten längst, daß es seit dem Einzug des neuen „Herrn" schlecht um den Stoiberhof stand. Alles war anders geworden. Der verstorbene „Stoiberbauer", ein achtbarer Mitbürger, hatte Tag und Nacht geschuftet und gewerkelt, um das Sach zusammenzuhalten. Der Neue hingegen ließ sich bei keiner Arbeit sehen. Er kehrte nur den Herrschaftsbauern heraus und saß viel lieber im Wirtshaus. „Do hod'se d'Anna a saubere Laus in Pelz g'setzt", tuschelten die Grasfilzinger. „Wenn dös nur guat geht."

Die Rede war von Johann Schönberger. Geboren am 30. September 1873 in Weiding, war er ein Sohn des Söldners Johann Schönberger, einem geachteten Mann. Johann junior wuchs also in geordneten Familienverhältnissen auf und war ein mittelmäßiger Schüler. Nach der Entlassung aus der Feiertagsschule verdingte der Vater ihn als Stallbube und landwirtschaftlichen Dienstboten. Zwischendurch arbeitete er vorübergehend auch zeitweise wie sein Vater in den Blauberger Steinbrüchen.

Eines Tages traf er in der Juhe-Gastwirtschaft Mühlbauer in Kothmaißling mit einem ihm bekannten „Heiratsschmuser" zusammen. Dieser suchte gerade für die Bauerswitwe Anna Maria Stoiber aus Grasfilzing einen Mann. Schnell wurden sich beide einig. Der wesentlich älteren Bäuerin gefiel der 23jährige Bursche, diesem stach jedoch mehr das schöne Anwesen in die Augen. Die „Stoiberin" betrachtete er als notwendige Dreingabe, und ihre zwei Buben, den 1894 geborenen Alois und dessen 1896 geborenen Bruder Josef, nahm er mit in Kauf. Das stattliche Bauerngut im Werte von 18 000 bis 20 000 Mark – zur damaligen Zeit ein enormes Vermögen – brauchte wieder die ordnende und kräftige Hand eines Bauern. Von der Statur her wäre es Schönberger schon zuzutrauen gewesen, daß er ordentlich zupackte. Weil er großsprecherisch verkündet hatte, sich in der Landwirtschaft bestens auszukennen, und wie er zudem anklingen ließ, selbst über ein nicht unbeträchtliches Vermögen zu verfügen, gewann er das Vertrauen der Witwe. Beide beschlossen, Ende 1896 zu heiraten.

Doch bald wurden der Frau die Augen geöffnet. Nicht nur, daß ihr Mann nichts besaß, er hatte auch von der Landwirtschaft nicht die geringste Ahnung. Er war schlichtweg ein Taugenichts, dem es nur auf ihren Besitz angekommen war. Schönberger warf das Geld seiner Frau mit vollen Händen zum Fenster hinaus. Ein Jahr nach der Hochzeit steckte er schon so tief in den Schulden, daß er das gesamte schlagbare Holz des einige Tagwerk großen Waldes abräumen mußte, um wenigstens die größten Löcher im Schuldenstrumpf zu stopfen. Für den noch verbliebenen Schuldenrest nahm er eine Hypothek auf das Anwesen auf, das ohnehin schon mit 4000 Mark Vatergut für die beiden Buben Alois und Josef Stoiber belastet war.

Das anfängliche gute Einvernehmen zwischen den Eheleuten war nur von kurzer Dauer. Je mehr sich die Verbindlichkeiten anhäuften, um so mehr jammerte die Frau. Um den ständigen Vorhaltungen und Vorwürfen aus dem Wege zu gehen, suchte Schönberger sein Heil im Alkohol und bei anderen Frauen. Tagelang kam er oft nicht nach Hause. Er verwandelte sich in einen rohen, brutalen Patron, der häufig die Frau schlug, wenn ihm daheim etwas nicht paßte. Der Stiefsohn Alois – allgemein Loisl genannt – war ihm ein besonderer Dorn im Auge. Das Kind warf sich immer zwischen ihn und die Mutter, wenn diese geschlagen wurde. Dann bezog auch der Knabe seine Hiebe. Als letztendlich die körperlichen Züchtigungen des Buben dem Pfarrer zu Ohren kamen, schritt dieser ein. Daraufhin bekam Loisl seine Ruhe, der Stiefvater indes hegte Rachegedanken. „2000 Mark soll' ich dem amoi auszahl'n? Daraus wird nix. Eher muaß er sterb'n."

Der Mann sah in dem Erbgut der Stiefkinder eine erkleckliche Summe, die bei der Abhängigkeit seiner Frau von ihm in seine Hände käme, würden die Kinder nicht mehr sein. So kam er auf den Gedanken, zuerst den Loisl zu beseitigen. Dabei wußte Schönberger nicht, daß der leibliche Vater testamentarisch die Buben bis zur Volljährigkeit im Ablebensfalle gegenseitig als Erben bestimmt hatte, ihre Mutter also zunächst nicht erbberechtigt gewesen wäre.

Ein Ereignis durchkreuzte vorerst seinen heimtückischen Mordplan: Bankkredite und Zinsen hatten die Erträge aus der Landwirtschaft aufgefressen, Schönberger war mit den vertraglich vereinbarten Rückzahlungen in Verzug geraten. Das Anwesen kam im Herbst 1898 unter den Hammer, wurde zwangsversteigert. Auf das Restgeld aus dem Zwangsverkauf legte das Vormundschaftsgericht die Hände und sicherte den Buben ihr Vatergut. Schönberger stand vor einem Scherbenhaufen. „Nur das Geld der Kinder kann mich noch retten", sagte er sich immer wieder. Den Schönbergers wurde bei dem Zwangsverkauf noch eine Zeitlang das Wohnrecht auf dem Hofe eingeräumt. Die einstmalige Bäuerin arbeitete als Dienstmagd, und ihr Mann lebte weiterhin nichtsnutzig in den Tag hinein.

In der Zwischenzeit gewährten Banken Anna Schönberger wieder Kredit, um in Weiding ein kleines Anwesen zu erwerben. Auch dieses konnte wegen der Verschwendungssucht ihres Mannes nicht gehalten werden. Er hatte sich eine Geliebte zugelegt und mit dieser zusammen verjubelt, was die Ehefrau durch fleißige, harte Arbeit verdiente. Selbst das Eiergeld und die Milchpfennige waren vor ihm nicht sicher. Um den Gläubigern den Zugriff auf das Anwesen in Weiding zu erschweren, ließ er es auf seine Frau als alleinige Eigentümerin überschreiben. Danach zwang er sie mit dem Messer in der Hand, für seine Geliebte eine Scheinhypothek eintragen zu lassen, um aus dem Anwesen noch einen Vorteil für sich herauszuschlagen. Um dieses durchzusetzen, drohte er der Frau sogar mit „Abstechen", wenn sie nicht gehorche. In ihrer Not und Angst tat die Frau, was er verlangte. Die Geliebte zahlte an Schönberger 51 Mark aus und warf ihn samt der Familie aus dem Haus. Die Schönbergers wurden Armenhäusler und fielen der Gemeinde Weiding zur Last. Er indes zog solange von Wirtshaus zu Wirtshaus, bis auch der letzte Pfennig in Bier umgesetzt war.

Den Stiefsohn Loisl aus dem Weg zu räumen und dann dessen Vatergut zu kassieren, hatte sich Johann Schönberger nun endgültig als Ziel gesetzt. Und er wußte nunmehr auch, wie das geschehen werde.

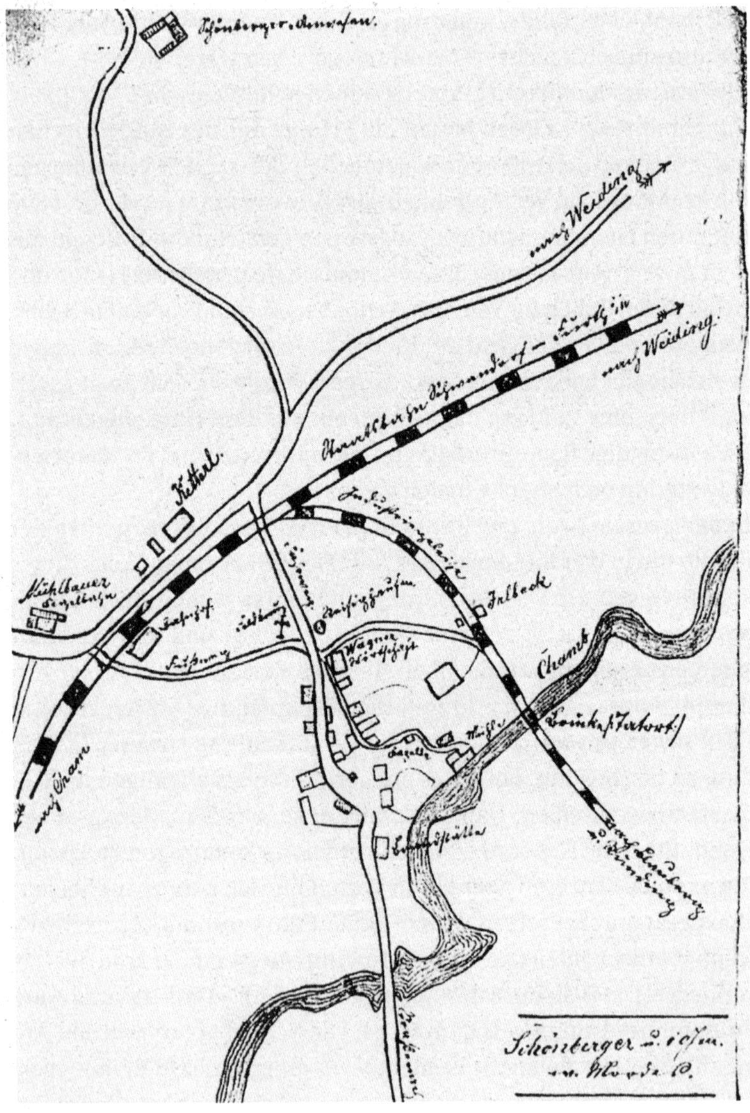

Abb. 2: Eine Skizze zeigt den Tatort, nämlich die Brücke, von der Johann Schönberger seinen Sohn Alois in die Chamb stürzte.

Sein 14jähriger Bruder Alois würde die Tat begehen, und er selber wollte sich um ein hieb- und stichfestes Alibi sorgen. Im Sommer 1906 unternahm Schönberger den ersten Versuch, seinen kleinen Bruder anzustiften, den Loisl Stoiber in den Chambfluß zu stoßen. An die Chamb gingen die beiden Buben öfter zum Fischen. Schönberger hatte sich wohlüberlegt, daß der Tod durch Ertrinken den Nachweis einer Gewalt schwerer, wenn nicht gar unmöglich mache und die Annahme eines Unglücksfalles naheliegend erscheinen lasse. Ohne Umschweife forderte er seinen Bruder auf, den Loisl bei der Industriebrücke in Kothmaißling ins Wasser zu werfen. Als er merkte, daß Alois Gewissensbisse hat, erzählte er ihm ein Märchen: „Du woaßt, ich war amoi a Zeitlang z'Nürnberg drob'n. Da hab' i mit am Pfarrer g'red und g'sagt, dahoam hab' i an bös'n Buam, der nöd woas, wieama s Beicht'n o'fangt, der aber vui Goid hod, dös i notwendi brauchat. Da hod der Pfarrer zu mir g'sagt, i soll Dich auffordern, daß'd dem bösen Buam amoi an Stoß geb'n sollst, beim Fischen, daß er einifallat ins Wasser und nimmer aussa kimmt. Darauf sag' i zum Pfarrer: ‚Dös warad doch a große Sünd.‘ ‚Na, na‘, hod der Pfarrer g'sagt, ‚bei am bös'n Buam is' dös koa Sünd', wenn's der kloane Bruder macht.‘“

Doch dieser weigerte sich. „Dös is' a Todsünd'.“ Der Schönberger beruhigte ihn jedoch und gab Anweisung, wann, wo und wie sein Bruder den Alois umbringen sollte. Doch dieser und zwei weitere Anstiftungsversuche schlugen fehl. Dann beschloß Josef Schönberger, selbst die Tat auszuführen. Am Sonntag, dem 30. September 1906, hatte Johann Schönberger Geburtstag. Als ihm sein jüngerer Bruder Alois gratulierte, sagte er zu ihm: „Geh' heit' auf d'Nacht um achte mit'm Loisl zu der Brück'n. Sagst, i bring eam a neiche Angelschnur. Kemmts' aber g'wiß, sonst hod's wos.“ Eingeschüchtert getraute sich der 14jährige nicht zu widersprechen. Abends auf der Brücke mußten die Buben noch eine Stunde auf Johann Schönberger warten. Ohne lange zu fackeln, packte der Stiefvater seinen Stiefsohn und warf ihn von der Brücke hinab in die Chamb. Der Bub konnte sich aus eigener Kraft nicht aus dem Wasser befreien und ertrank.

Schönberger war am Nachmittag in der Wagnerschen Gastwirtschaft in Kothmaißling gewesen, hatte nach einiger Zeit in Niederrunding einen Bekannten aufgesucht und danach, wieder in Kothmaißling, in der Juhe-Wirtschaft von Andreas Mühlbauer mit anderen Gästen Karten gespielt. Dieses Pendeln zwischen den Orten Kothmaißling und Niederrunding und in den beiden Gasthäusern unternahm er deshalb, um Bekannte und Wirte zu verwirren, wann er sich zu welcher Zeit wo aufgehalten habe. Er brauchte Menschen, die für ihn nötigenfalls Zeugnis ablegen sollten, daß er die Mordtat nicht begangen haben konnte, weil sie ihn zu einer ganz bestimmten Zeit an einem ganz bestimmten Ort gesehen hatten.
Johann und Alois Schönberger wurden in Untersuchungshaft genommen. Johann leugnete hartnäckig die Tat. Er schob sie dem 14jährigen Alois zu, der sich aus Angst vor dem älteren Bruder nicht zu sagen traute, wie es wirklich war. Im Gefängnis in Amberg waren beide in getrennten Zellen untergebracht. Während Alois gegenüber seinem Zellennachbarn schwieg, war Johann gesprächiger. Er gab seinem Mitbewohner die Täterschaft zu. Der Mithäftling bedrängte ihn, den Bruder zu entlasten, ihm nicht das Leben ganz zu zerstören, weil er unschuldig als Mörder verurteilt würde. Johann beeindruckte solches Reden nicht. Skrupel- und schamlos hätte er es hingenommen, den Bruder als Mörder zu brandmarken, nur um die eigene Haut zu retten. Doch die anderen Insassen, die erfahren hatten, welch schräger Vogel unter ihnen war, machten mit ihrem Blechgeschirr Randale und riefen: „Mörder raus! Johann ist der Mörder, laßt den Alois frei!" Dieser Aufstand stärkte den Mut des Alois, und er rückte mit der Wahrheit heraus.
Die Geschworenen befanden Johann Schönberger für schuldig, seinen Stiefsohn Alois Stoiber getötet zu haben. Er wurde vom Schwurgericht Amberg am 1. Februar 1907 zum Tode verurteilt, von Prinzregent Luitpold von Bayern am 9. Mai 1907 jedoch zu lebenslangem Zuchthaus begnadigt. Am 15. Oktober 1938 verfügte das Reichsjustizministerium Unterbrechung des Strafvollzuges und bedingte Straffreiheit mit Bewährungsauflagen. Schönberger wurde zu Verwandten nach Kothmaißling entlassen.

Alois Schönberger erhielt wegen Beihilfe zum Mord sieben Jahre Gefängnis. Er büßte in der Gefangenenanstalt Niederschönenfeld. Mit einer fünfjährigen Bewährungsfrist für den Rest der Strafe wurde er am 11. Oktober 1913 in die Freiheit entlassen. Nach den amtlichen Gerichtsunterlagen fiel er im Ersten Weltkrieg am 18. Dezember 1917 als Flugzeugführer im Luftkampf.

3. IM DUNKEL DER BÄUME

Göttersdorf-Holzhäuser, Bezirksamt Vilshofen

Landkreis Deggendorf, Niederbayern

Theres Dullinger lehnte sich im Polstersessel zurück und atmete erleichtert auf. Soeben hatte sie ihre Unterschrift unter den notariellen Übergabevertrag gesetzt. Es erfüllte sie nicht nur mit Genugtuung, daß sie vom Vater Alois Dullinger das „12-Tagwerk-Sachl" überschrieben bekam, sie war jetzt auch befreit von allen Zweifeln, der 58jährige Witwer könnte wieder heiraten und eine Stiefmutter ins Haus bringen. Seit dem Tode der Mutter war sie die „Hauserin" gewesen. Zu sagen hatte sie beim alten Dullinger aber nichts. Dieser sah in ihr lediglich eine billige „Bauern-Dirn", die das zu tun hatte, was er anschaffte. Durch die Anwesenübergabe würde sie dem Vater einiges heimzahlen. Von Grund auf werde sich alles verändern, nahm sich die 20jährige vor.

Ganz und gar nicht recht war es der Theres gewesen, daß der Vater zu seinem Ausgedinge auf das Anwesen noch eine 1500-Mark-Hypothek aufnahm. Darüber ärgerte sie sich maßlos. Je mehr sie sich da hineinsteigerte, desto stärker wuchs in ihr das Gefühl, daß diese Belastung ein ständiger Zankapfel sein werde. Von früh bis spät rackerte sich die Theres ab, um das Lebensnotwendige heranzuschaffen. Nicht nur die eigenen, recht bescheidenen Verhältnisse waren zu befriedigen, auch das notariell verbriefte Taschengeld für den Austrägler riß jedesmal ein Loch in das Haushaltssäckel. Und nicht zuletzt mußten die Hypothekenzinsen vierteljährlich pünktlich gezahlt werden.

Alois Dullinger unterstützte die Theres selten und nur ungern bei der Arbeit. Er war auch nicht gewillt, auf einen Teil seines Ausgedinges zu verzichten. Das führte zu andauernden Reibungen und Querelen zwischen ihm und der Tochter. Dullinger zog sich gänzlich in den Austrag zurück und lebte nur noch dem Müßiggang. Zuversichtlich blickte Theres erst wieder in die Zukunft, als ihr der 31jährige Max Kaufmann aus Winklarn bei Osterhofen einen Antrag machte. Sie

nahm an, und beide heirateten 1928. Schon bald gab es zwischen Ehemann und Austrägler heftige Auseinandersetzungen. Alois Dullinger war streitsüchtig, rechthaberisch, unverträglich und unehrlich, der Schwiegersohn Kaufmann wortkarg, verschlossen und nachtragend. Er nahm jede Kleinigkeit ernst und tragisch, geriet darüber gleich in Aufregung und wurde tätlich.
Alois Dullinger wohnte im Anwesen und aß am Mittagstisch. Damit sich die Theres ärgerte, nörgelte der Alte insbesondere am Essen herum. Einmal war die Milchsuppe versalzen, ein andermal fehlte im Kaffee der Zichorie. Dann waren die Erdäpfelnudeln zu „boanig" (zu trocken), in den Germnudeln fand er keine Zibeben (Rosinen). Und das Geselchte mit Sauerkraut taugte ihm erst recht nicht mehr. Immerzu hatte er etwas auszusetzen. Als der Gipfel des Unerträglichen erreicht war und Max und Theres eine Änderung des Zustandes herbeiführen wollten, da starb die 31jährige Frau. Mit ihrem Tod war Kaufmann plötzlich Besitzer des Anwesens. Theres' Tod aber wurde für Max Kaufmann zur Katastrophe. Für die Betreuung der beiden Töchter, fünf und zwei Jahre alt, und für die Wirtschaftsführung nahm sich der Witwer eine Haushälterin. Diese war nicht mehr die jüngste und schon etwas schwerhörig, sie kümmerte sich aber um die beiden Mädchen fürsorglich wie die eigene Mutter. Die Frau sollte nur so lange Hauswirtschafterin und Muttterersatz für die Kinder sein, bis wieder eine neue Herrin das Zepter in die Hand nehmen würde. Kaufmann trug sich bereits mit Heiratsabsichten, noch ehe das obligate Trauerjahr verstrichen war.
Sich wieder eine Frau zu nehmen, das hatte auch Alois Dullinger beschlossen. Er trat in den Brautstand mit der Taglöhnerswitwe Therese Meier von Holzhäuser, die beim Gütler Josef Hack in Holzhäuser zur Miete wohnte. Bei Max Kaufmann schrillten die Alarmglocken. Solange Dullinger noch am Tisch saß, empfand er dessen Ausgedinge noch wenig belastend. Er wußte aber, daß Dullinger von dem Augenblick seiner Hochzeit an rücksichtslos seinen Austrag in Geld und Sachwerten beanspruchen werde. Für Kaufmann war dies gleichbedeutend mit dem Verlust des Anwesens. Törichterweise erzählte Dullinger überall herum, daß er bald wieder Eigentümer des Anwe-

sens sein werde, denn die Versteigerung stünde bevor. Er werde es zu dem Betrag ersteigern, zu dem er übergeben hatte: für 1500 Mark. Dann sorge er auch dafür, daß der Erbschleicher Kaufmann wieder das bekomme, was er in die Ehe mitbrachte, nämlich nichts.

Anfang August 1932 zeigte Dullinger seinen Schwiegersohn an, weil dieser ihm ein blaues Auge geschlagen hatte. Da solche Delikte als Privatklagedelikte in erster Linie auf dem Wege des Sühneversuchs erledigt wurden, trafen sich die beiden Streithähne beim Bürgermeister im Gemeindeamt Göttersdorf. Hier ließ Kaufmann die ungeschickte Bemerkung fallen, daß dem Dullinger kein Mensch nachtrauern würde, falls diesem etwas zustoßen sollte. Am Dienstag, dem 23. August 1932, war Kaufmann mit der Taglöhnersfrau Anna Pollner von Holzhäuser beim Heuen beschäftigt. Die Frau sprach von der bevorstehenden Heirat Dullingers und meinte dazu provozierend: „Heiraten muaß er noch, der alte Narr!" Darauf erwiderte Kaufmann aufgebracht: „Der is no nöd g'heirat und kimmt auch nöd dazua." Diese Äußerung sollte später als wichtiges Indiz gegen ihn verwendet werden.

Dullinger brauchte Geld für seine anstehende Hochzeit. Er forderte von Kaufmann die sofortige Rückzahlung eines Darlehensrestes in Höhe von 125 Reichsmark. Dazu war Kaufmann außerstande. Dem Darlehenskassenverein schuldete er 500 Reichsmark, und für den Doktor und die Beerdigung seiner im März verstorbenen Frau hatte er noch 300 Mark aufzubringen. Er wies Dullingers Verlangen ab, worauf der ihm ankündigte, die 125 Mark gerichtlich beitreiben zu lassen. Max Kaufmann sah sich vor dem Ruin. Dullinger durfte nicht heiraten. Da dieser freiwillig nicht davon ablassen würde, blieb als einzige Rettung: Dullinger mußte sterben. Dieser Gedanke ließ Kaufmann zwar fast ersticken, er plante aber dennoch, den gehaßten Schwiegervater umzubringen.

Am Samstag, dem 27. August 1932, bekam Kaufmann einen gerichtlichen Zahlungsbefehl über 125 Mark zugestellt. Das brachte ihn furchtbar in Wut. Statt mit seinem Schwiegervater zu reden, steckte er sich ein langes Messer ein in der Absicht, damit den Halsabschneider abzustechen. Mit wirrem Blick ging er umher, gedrängt von der unwiderstehlichen Gewalt, sein Vorhaben schnellstens in die Tat umzusetzen. Am nächsten Tag weilte Kaufmann am Sterbebett seiner Mutter in Winklarn. Seelisch erschüttert, kehrte er am späten Nachmittag nach Holzhäuser zurück. Er war in einer entsetzlichen Gemütsverfassung, in seinem Inneren herrschte das Chaos. Mutters Tod ließ ihm sein künftiges Leben grau und trostlos erscheinen, und daß Dullinger anderntags das Aufgebot mit seiner Braut bestellen wollte, erzeugte gegen den alten Mann einen hemmungslosen Haß. An seinem unabdingbaren Entschluß gab es nichts mehr zu rütteln: Er wird seinen Intimfeind noch am selben Abend töten!

Alois Dullinger hielt sich bei seiner Braut in Holzhäuser auf. Davon wußte Kaufmann. Ihm war auch bekannt, daß der Schwiegervater nicht gerne bei Dunkelheit nach Hause ging. Selbst den Weg, auf dem der angehende Hochzeiter heimgehen würde, kannte Kaufmann. Er brauchte nur an einer bestimmten Wegstrecke seinem Opfer aufzulauern und das Werk zu vollbringen. Die Idee mit dem „Abstechen" hatte er inzwischen aufgegeben, erschießen schien ihm nunmehr als wirkungsvoller. Aus dem Schrank im oberen Wohnstüberl holte sich Kaufmann eine Pistole, Marke Parabellum, und steckte sie ein. Die Pistolentasche zwängte er hinter eine Kommode, die an der Zimmerwand stand. Dort, glaubte er, würde sie niemand finden.

Um 8 Uhr abends, die Haushälterin war mit den Kindern schon zu Bett gegangen, verließ Kaufmann das Haus und eilte dem Platz zu, an welchem er auf Dullinger warten wollte. Im acht Kilometer von Osterhofen entfernten Staatswald, auf dem Wege nach Göttersdorf-Holzhäuser, auf der sogenannten Römerstraße, etwa 400 m von seinem Haus entfernt, bezog er Posten, geborgen im Dunkel der Bäume. An dieser Stelle mußte Dullinger unbedingt vorbeikommen. Gegen halb neun Uhr näherte sich Dullinger ahnungslos Kaufmanns Wartestellung. Als beide noch etwa zwölf Meter voneinander entfernt waren, schoß Kaufmann. Die Kugel verfehlte Dullinger. Später wurde sie in 1,30 Meter Höhe in einem Baumstamm gefunden.

Dullinger schrie nach dem Schuß auf und versuchte rückwärts zu fliehen. Kaufmann setzte ihm nach und schoß aus zehn Meter Distanz ein zweites Mal. Dieser Schuß traf. Der tödlich Verletzte

schleppte sich noch 100 Meter weit und brach dann im Randgraben einer Schonung zusammen. Der Gütler Joseph Hack fand am anderen Morgen die Leiche. Der Ermordete hatte einen Einschuß von hinten am Rande des rechten Schulterblattbeines. Kaufmann hatte sich vergewissert, daß Dullinger auch wirklich tot sei. Dann legte er Hakkelstecken und Hut des Toten neben seine rechte Körperseite und rannte heim. In einem vor dem Stadel aufgeschütteten Strohhaufen vergrub er die Pistole, das Magazin versenkte er im Strohsack seines Bettes. Nach ersten Erkenntnissen wurde ein Raubmord von vornherein ausgeschlossen. Ein Bewohner von Holzhäuser hatte am Sonntagabend beim Heimweg vom Gasthaus Nagl in Willing einen Schuß gehört und jemanden fürchterlich schreien. Seiner Einschätzung nach spielte sich in etwa 700 m Entfernung eine Tragödie ab. Ehe er noch weiter überlegen konnte, krachte es ein zweites Mal. Der Zeuge erkannte die unverwechselbare Stimme des Dullinger, der brüllte: „Ach, ach, ach! Der Sauhund hod mich aufi g'schoss'n!" Er lief ins Wirtshaus nach Willing zurück und schilderte den noch anwesenden Gästen und dem Wirt seine Wahrnehmungen. Niemand glaubte ihm, alle hielten ihn für betrunken.
Der Verdacht, Alois Dullinger erschossen zu haben, fiel sofort auf den Schwiegersohn. Bei den Ermittlungen häuften sich so viele belastende Indizien gegen Kaufmann an, daß an dessen Täterschaft nicht mehr zu zweifeln war. Demzufolge wurde er am 29. August festgenommen. Haftbefehl durch den Untersuchungsrichter erging am 30. August 1932. Kaufmann stritt die Tat energisch ab. Er war aber nicht in der Lage, Tatbeweise zu entkräften oder Personen zu benennen, auf die der Mordverdacht hätte gelenkt werden können. Nur derjenige, der im Hinterhalt Dullinger abpaßte, wußte mit Bestimmtheit, daß dieser nicht zu Hause war, aber auf der Römerstraße heimkehren würde. Wer außer Kaufmann konnte dieses Wissen haben? Ein Verwandter Kaufmanns erklärte gegenüber dem Untersuchungsrichter: „Daran, daß Kaufmann die Tat begangen hat, kann man nicht zweifeln. Kein anderer hatte Kenntnis davon, auf welchem Weg Dullinger heimgeht. Der Max hat sich halt hinreißen lassen."

Am 3. September 1932 wurde bei einer Suchaktion die Pistole im Strohhaufen gefunden. Erst am 29. Dezember kam bei einer Nachsuche das zur Pistole gehörende Magazin zum Vorschein. Man hatte den Strohsack entleert, und da fiel das wertvolle Beweisstück heraus. Ballistische Untersuchungen belegten, daß die vom Baumstamm gesicherte Kugel aus Kaufmanns Parabellum abgefeuert worden war und daß sich die auf der Straße gefundenen Geschoßhülsen in die Magazinhalterung einfügten. Kaufmann leugnete, jemals eine Pistole besessen zu haben. Irgendwer müsse ihm diese Waffe untergeschoben haben, um ihn als Täter abzustempeln. Hier konnte er eindeutig der Lüge überführt werden. Er besaß nämlich tatsächlich einmal zwei Pistolen dieses Kalibers und in derselben Ausführung. 1927 vertauschte er eine davon beim Gütler Johann Nagl in Holzhäuser gegen eine mit kleinerem Kaliber, mit der zweiten Parabellum erschoß er nachweislich 1931 in seinem Stall eine Kuh, die notgeschlachtet werden mußte. Da er gegen diese Tatsache nichts mehr vorbringen konnte, räumte er schließlich ein, im Besitz dieser Waffen gewesen zu sein.
Das Schwurgericht beim Landgericht Deggendorf erkannte im Strafverfahren gegen Kaufmann wegen Mordes in der öffentlichen Sitzung am Mittwoch, dem 25. Januar 1933, aufgrund der Hauptverhandlung:

MAX KAUFMANN,
geboren am 14. Oktober 1897 in Winklarn, verwitweter Gütler in Göttersdorf-Holzhäuser, seit 30. August 1932 in Untersuchungshaft, wird wegen eines Verbrechens des Totschlags zur Zuchthausstrafe von 15 Jahren verurteilt.
Die bürgerlichen Ehrenrechte werden ihm auf die gleiche Zeit aberkannt.

Das Gericht stellte in seiner Urteilsbegründung fest:
„Kaufmann hat zwar einen anderen vorsätzlich getötet, die Tötung jedoch ohne Überlegung ausgeführt. Die seelische Erschütterung durch den Tod der Mutter und die bevorstehende Heirat des Dullinger mit der Gefahr des Anwesenverlustes haben Kaufmanns Dasein in einem dunk-

len Licht erscheinen lassen und ihn in den Zustand der Verzweiflung versetzt. Die innere Zerrissenheit hat Kaufmann jegliche ruhige Überlegung geraubt, deren er dringend bedurft hätte, seinem schrecklichen Vorsatz, von dem er erfüllt war, Hemmungen entgegenzusetzen. Nicht sein Wille, sondern die Verzweiflung und ein grenzenloser Haß gegen den Urheber seines Unglücks drückten ihm die Waffe in die Hand und trieben ihn zum Tatort mit der Forderung, den Verhaßten zu töten."

Obwohl man vor Gericht sicher war, daß Max Kaufmann seinen Schwiegervater vorsätzlich getötet hatte, baute ihm das Gericht eine goldene Brücke, um ihn nicht wegen Mordes zu Tode verurteilen zu müssen. Trotz seines hartnäckigen Leugnens waren die Richter Kaufmann milde gestimmt und erkannten auf Totschlag. Dabei war sicher mit ins Kalkül gezogen worden, daß Dullinger in seiner menschlichen Bösartigkeit eine nicht geringe Mitschuld am gewaltsamen Tod von Alois Dullinger hatte.

Max Kaufmann büßte vom 28. Januar 1933 bis 30. September 1935 im Zuchthaus Straubing und danach ab 1. Oktober 1935 im Zuchthaus Amberg. Aktenaufzeichnungen zufolge war er Ende März 1944 im Bewährungsbataillon Lager Emsland und im Arbeitseinsatz in Norwegen, ab September 1944 im Strafgefängnis Rottenburg/ Neckar. Im April 1945 fand sich seine Spur als Strafgefangener in Bettenreute, einer Zweigstelle der Strafanstalt Ravensburg. Das landwirtschaftliche Anwesen Kaufmanns verwalteten seit seinem Strafantritt Verwandte von ihm. Seine beiden Kinder hatte ein Schwager in die Obhut genommen.

Dieser und der Bürgermeister von Göttersdorf setzten sich sehr für eine Begnadigung und vorzeitige Haftentlassung von Kaufmann ein, zuletzt noch im Jahre 1941. Zu einem Antrag auf Gnadenerweis nahm am 15. Oktober 1940 der Vorstand des Zuchthauses Amberg an den Oberstaatsanwalt in Deggendorf Stellung:

„Der Gefangene Max Kaufmann führte sich bisher sowohl im Zuchthaus Straubing wie auch hier ordentlich. Er zeigt ernstes, bescheidenes, anständiges Wesen, konnte sich jedoch bis heute nicht zu seiner Tat beken-

nen. In Anbetracht des noch langen Strafrestes ist es unmöglich, so verfrüht zum Gnadenerlaß Stellung zu nehmen.“
Kaufmann hatte zu keiner Zeit die Tat eingestanden. An den Indizien hatte aber nichts vorbeigeführt. Diese ließen keinen Zweifel zu, daß er seinen Schwiegervater Alois Dullinger erschossen hatte. Am 23. April 1946 gab das Bayerische Staatsministerium der Justiz einem Gesuch des Kaufmann um bedingte Strafaussetzung statt und gewährte ihm eine Bewährungszeit bis zum 1. Januar 1950. Am 11. Mai 1946 wurde Kaufmann nach Holzhäuser entlassen. 76jährig starb er am 14. November 1973 in Osterhofen.

4. DIE STEINKIRCHNER POLIZISTENMORDE

Steinkirchen, Landkreis Deggendorf

Landkreis Deggendorf, Niederbayern

Gendarmeriemeister Max Hartl und Hauptwachtmeister Josef Eder saßen in der Gendarmeriestation Plattling an ihren Schreibtischen und arbeiteten Recherchenvorgänge auf. Das schwüle Wetter an diesem 6. Juni 1940 drückte ihnen schwer aufs Gemüt. „Sakradi, is dös a Hitz'", ließ Hartl sich vernehmen. „Ja, richtig dampfig is", erwiderte Eder. Dann, als hätten sie sich abgesprochen, griff ein jeder in seine Hosentasche, holte ein Taschentuch heraus und wischte sich damit den Schweiß von der Stirn. „Was moanst'n, Sepp, ziangma d'Jackn aus? Es wird scho neamands kemma, dem's nöd passat", fragte Max seinen Kameraden. Damals hat es nämlich keine „Kollegen" gegeben. „I hob nix dageg'n", meinte der Angesprochene, und beide entledigten sich der Uniformjacke. Was sie taten, verstieß zwar gegen die Dienstordnung. Aber wo kein Kläger ist, da kein Richter, konstatierten die beiden.

Max Hartl sah auf die Uhr. „Halbe zwoa is gleich, Sepp, Dienstgangzeit für Dich." Josef Eder packte seine Schreibsachen in die Tischschublade und erhob sich. Da läutete das Telefon. Hartl griff zum Hörer: „Gendarmerie Plattling, Hartl, Heil Hitler." Letzteres hinzuzufügen vergaß er nicht mehr seit dem Tag, an dem ihm sein Vorgesetzter eine Mißbilligung ausgesprochen hatte, weil er den Hitlergruß vergessen hatte. Am anderen Ende der Leitung sprach eine Frau. „I bin d'Wirtin von Stephansposching. I möcht' anzeigen, daß bei mir g'stohl'n wor'n is. Goid und Schmucksacha ham's mitg'nomma, dö zwoa." „Aha, zwoa sand's gwen, die g'stohl'n ham", sagte Hartl. „Wissens Namen, und was sand's für Leit?" fragte er. „Zwoa junge Menschen, a Bursch' und a Deandl, so umara zwanz'g Jahrl umanand wern's alt sein", antwortete die Wirtin. „Durchs offene Schlafzimmerfenster san's eini g'stieg'n, und da hob i si g'hört. Mit'm Fahrradl san's

weg, auf Stoakircha (Steinkirchen) zurö. Wenns gleich kommen, können's die zwoa ebba no dawisch'n."
Hauptwachtmeister Eder hatte das Telefonat noch mitbekommen und fragte: „Is was b'sonders, Max?" „Ja, beim Wirt z'Stephansposching ham's was g'stohl'n. Fahr'n ma gleich hin." Statt der Uniformjacke zogen sie sich Windjacken an, um nicht gleich als Gendarmen erkannt zu werden, und fuhren mit dem Dienstkraftrad los.
Unterwegs hielten sie einen Fuhrknecht an, der ihnen mit einem Pferdegespann entgegenkam, und fragten nach den Dieben. „Ja, do san zwoa Radler auf Stoakircha eini g'fahr'n", sagte der Mann. Das war ein Anhaltspunkt. So fuhren die Beamten nach Steinkirchen und geradewegs ins Verderben.
In Steinkirchen stellten sie das Kraftrad vor dem Gasthaus Geislinger ab und gingen in die Wirtschaft hinein. Die Beamten betraten den Gastraum. Am Tisch neben der Theke saß ein Pärchen, auf das die Personenbeschreibung paßte. Der junge Bursche war eben dabei, die Zeche zu bezahlen, da trat Hauptwachtmeister Eder hinzu, hielt eine Hand über das auf dem Tisch abgezählt liegende Geld und legitimierte sich mit den Worten: „Gendarmerie Plattling, das Geld ist beschlagnahmt."
Gendarmeriemeister Hartl hatte sich an die Begleiterin des Mannes gewandt und diese aufgefordert mitzukommen. Noch sitzend, zog der Mann eine Pistole und gab in rascher Folge mehrere Schüsse auf die Beamten ab. Hartl fiel tödlich getroffen neben dem Tisch auf den Boden. Sein angeschossener Kollege lief in die Küche, von dort aus in den Hausflur und dann ins Freie, wo er sterbend auf dem Hof zusammenbrach. Hartl war von einer Kugel getroffen, Eder hatte vier Einschüsse: in den Rücken, im Hals, am rechten Oberarm und nahe der rechten Achselhöhle.
Der Todesschütze und seine Begleiterin flüchteten mit ihren Fahrrädern, die sie versteckt hinter dem Gebäude abgestellt hatten. In der Nähe der Gastwirtschaft Geislinger arbeiteten polnische Kriegsgefangene des Gefangenenlagers Steinkirchen auf einer Wiese. Aufsicht darüber führte der Wehrmachtsangehörige und Arbeitskommandoführer Josef Lippert.

Dieser 36jährige Zeuge sagte folgendes aus:

„Gegen 14.30 Uhr befand ich mich auf einer Wiese in der Nähe des Gasthauses Geislinger. Auf einmal hörte ich von dort her viele Schüsse. Ich lief sofort zum Wirtshaus. Im Hof nur wenige Meter vom Hauseingang entfernt, lag ein Mann tot in einer Blutlache, ein zweiter, ebenfalls tot, im Gastzimmer. Die Wirtin sagte mir, daß die beiden toten Männer Gendarmeriebeamte aus Plattling seien und daß ein junger Bursche sie niedergeschossen habe. Als mir die Wirtin den Täter beschrieben hatte und anfügte, er und eine junge Frau seien mit Fahrrädern auf Steinkirchen[1] zu flüchtig, nahm ich die Verfolgung auf – auch mit einem Fahrrad. Mein Gewehr, das ich zur Gefangenenbewachung hatte, nahm ich mit. Zuvor beauftragte ich aber noch die Wirtin, die Gendarmerie zu verständigen.
Ich fuhr in Richtung Rottenmann. Bald darauf entdeckte ich das Pärchen, über Wiesen und Felder radelnd. Der Abstand zwischen den Flüchtenden und mir verringerte sich, weil ich ziemlich in die Pedale trat. Als ich bis etwa auf 100 m herangekommen war, hörte ich hinter mir ein Auto. Es war ein Dienstkraftwagen der Gendarmerie, und der Fahrzeugführer war Gendarmeriemeister Scheueregger aus Plattling. Er verfolgte das fliehende Paar ebenso wie ich. Der Beamte nahm mich hinein in das Fahrzeug. Wir hatten uns den Verfolgten bis auf ca. 20 m genähert, da schoß der Gendarm einmal auf den flüchtigen Täter, ohne zu treffen. Dieser drehte sich ruckartig um und gab einen Schuß gegen uns ab. Auch er hatte nicht getroffen. Dann sah ich, wie der junge Mann mit einer schnellen Bewegung den Lauf seines Revolvers in den Mund steckte. Der Schuß krachte. Taumelnd fiel der Mann zu Boden. Der Gendarm Scheueregger sprang auf ihn zu, und ich schrie die Frauensperson an: ‚Hände hoch!' Dann nahm ich sie fest.
Bei dem am Boden Liegenden waren keine Lebenszeichen mehr wahrzunehmen, er wurde für tot gehalten. Scheueregger nahm ihm Papiere und den Revolver ab, übertrug einem inzwischen hinzugekommenen weiteren Gendarmen die Bewachung der vermeintlichen Leiche und fuhr mit der festgenommenen Frauensperson nach Plattling zur Dienststelle."

Anhand von Personalpapieren wurde der Täter identifiziert. Es handelte sich um den 20jährigen Georg Bruckmayer aus Augsburg. Der Schuß in den Mund war jedoch nicht gleich tödlich gewesen. Bruckmayer starb gegen 21 Uhr im Krankenhaus Plattling.

Georg Bruckmayer war bereits mit 15 Jahren als gewalttätig gerichtsbekannt geworden. Am 25. April 1935 verurteilte ihn ein Richter am Amtsgericht in Augsburg wegen Körperverletzung zu zwei Monaten Gefängnis und wegen groben Unfugs – er hatte mit Steinen nach Menschen geworfen – zu vier Tagen Haft. Während seiner Dienstzeit beim Reichsarbeitsdienst in Karlsruhe mußte Bruckmayer mehrmals diszipliniert werden. Beim Arbeitsdienst gelang es ihm, eine Pistole beiseitezuschaffen und bei seiner Entlassung mitzunehmen. Es handelte sich um eine Pistole der Marke Mauser. Am 7. Mai 1940 entfernte sich Bruckmayer unerlaubt von seinem Truppenteil, der 3. Kompanie des Infanterieersatzbataillons 91 in Kempten, und fuhr nach Augsburg zu seiner Freundin Josefa H. Zwischen den beiden bestand seit drei Jahren eine Beziehung, die er mit grundloser Eifersucht belastete. Der Fahnenflüchtige hatte eine Armeepistole und 61 Schuß dazugehörige Munition mitgehen lassen und trug die Waffe immer mit sich.

In der Tschechoslowakei wollten Bruckmayer und seine Freundin Josefa untertauchen, als sie Augsburg mit den Fahrrädern verließen. Kreuz und quer fuhren sie umher, in der ständigen Angst, gestellt und festgenommen zu werden. Das Geld der beiden war bald aufgebraucht. Ihren Lebensunterhalt bestritten sie dann durch Diebereien, Einmiet- und Zechbetrug. Das Pflaster unter ihren Füßen wurde von Tag zu Tag heißer, sie mußten bewohnte Gebiete möglichst meiden. Zuletzt campierten sie in einem gestohlenen Zelt im Freien, hauptsächlich in der Nähe von Kies- und Sandgruben, wo sie Schießübungen abhielten. Bruckmayer lernte die Freundin im Umgang mit Waffen an.

In Weiding bei Arnschwang, nahe der tschechischen Grenze, stahl Bruckmayer dem Gastwirt Josef Zwicknagel einen Revolver. Jene Waffe, mit der er sich später selber richtete. In dieser Gegend unternahmen sie auch den ersten erfolglosen Versuch, in die Tschecho-

slowakei zu gelangen. Da Bruckmayer mittlerweile drei Waffen besaß, wollte Josefa H. auch eine. Sie bekam die Mauser-Pistole. Um Abenteuer bestehen zu können, brauche man eine Waffe, sagte sie einmal zu einer Bekannten. Und auch, daß sie Abenteuer suche.
Nunmehr hatte sie Abenteuer genug: Stehlen, Betrügen, wildes Campieren und ständig auf der Flucht. Als sie das Ganze satt hatte und wieder zurück nach Augsburg wollte, hielt sie Bruckmayer gewaltsam davon ab und drohte ihr mit Erschießen. Sie wußte, daß ihr Freund hitzköpfig und brutal war. Wenn sie nämlich nicht sofort tat, was er haben wollte, bezog sie Prügel. Sie kuschte und verwarf den Gedanken fortzugehen und ihn allein zu lassen. Er hätte sie gesucht, mit Sicherheit gefunden und dann umgebracht.
Bruckmayer äußerte sich mehrmals gegenüber seiner gleichaltrigen Freundin: „Ich kann nicht mehr zurück. Sie werden mich erschießen, wenn ich aufgebe. Hinrichten lasse ich mich aber nicht. Deshalb werde ich aufs Ganze gehen und sofort schießen, wenn sich mir jemand in den Weg stellt. Entdeckt man uns, bringe ich zuerst Dich und dann mich selber um." Josefa wehrte sich nicht gegen diesen Plan, sie billigte diesen sogar.
So hatten sich im Gasthaus in Steinkirchen die Ereignisse überschlagen. Als Gendarmeriemeister Hartl und Hauptwachtmeister Eder die Gaststube betraten, klingelten bei Josefa die Alarmglocken. Sie ahnte die drohende Gefahr der Festnahme. Wenn sich die Beamten mit ihren Windjacken auch einen zivilen Anstrich hatten geben wollen, ihre Dienstbreecheshosen und die braunen Schaftstiefel verdeckten nicht, daß sie Gendarmen waren. Josefa reichte dem Bruckmayer ihre mitgeführte Mauser-Pistole unter dem Tisch zu, und so konnte dieser mit zwei Waffen schießen. Das erklärte nach der Tat auch, wieso elf Geschoßhülsen verschiedenen Kalibers auf dem Fußboden lagen.
Bruckmayer, wild entschlossen, sich nicht zu ergeben und wegen Fahnenflucht erschossen zu werden, richtete sich selbst. Er wollte anderen nicht den Triumph seiner Hinrichtung lassen. Um das sicherzustellen, mußte er rasch handeln und vergaß unter diesem Druck womöglich, Josefa mit in den Tod zu nehmen. Diese war geständig. Ihre Aussagen erklärten das Motiv für die Ermordung der

beiden Gendarmeriebeamten. Auch die von ihnen während der letzten Zeit verübten Straftaten bezog sie in das Geständnis mit ein. Josefa H. wurde wegen Vergehens der Nichtanzeige eines Verbrechens wider das Leben, vier Verbrechen des schweren Diebstahls, fünf Vergehen der Sachhehlerei und eines Vergehens der Urkundenfälschung (sie hatte sich ins Fremdenbuch in einem Gasthaus mit falschem Namen eingetragen) am 12. September 1940 von der Strafkammer beim Landgericht Deggendorf zu drei Jahren Gefängnis verurteilt. Ihre Strafe verbüßte sie im Frauengefängnis in Frankfurt a. M.-Preugesheim.

5. TÖDLICHE EIFERSUCHT

Oberaichbach bei Landshut

Landkreis Landshut, Niederbayern

„Feuer!“ Mit schneidender Stimme gab der Hauptmann und Kompanieführer den Befehl, und der 27jährige Georg Haider sank, von einer Salve aus den Gewehrläufen des Erschießungskommandos getroffen, tot in sich zusammen. Häftlingen des Landgerichtsgefängnisses Landshut, die von ihren Zellenfenstern aus die Erschießung im Gefängnishof verfolgen konnten, lief es eiskalt den Rücken hinab, als sie ihren Mitgefangenen sterben sahen. Er hatte zu keiner Zeit wegen seiner Untat Reue gezeigt, auch nicht ihnen gegenüber.

Es war morgens um 7 Uhr, als am 26. März 1920 ein Holzarbeiter bei der Gendarmerie-Station in Wörth a. d. Isar mit einem Fahrrad, Marke Brennabor, erschien und angab, dieses sowie einen Rucksack und zwei Brieftaschen in der Nähe der Isarbrücke zwischen Wörth a. d. Isar und Hüttenkofen aufgefunden zu haben. Er vermute, daß jemand in die Isar gegangen, möglicherweise auch „hineingeworfen“ worden sei. Ein Gendarmeriebeamter öffnete die Brieftaschen. In der braunen fand sich ein Fünfzigmarkschein, in der schwarzledernen ein Briefkuvert mit einer Kontenkarte der Stadtsparkasse Landshut für ein Sparbuch auf den Namen Josef Brunner, Hausmeister in der Gastwirtschaft von Josef Haider. Recherchen ergaben, daß der Brunner Sepp tags zuvor gegen 11 Uhr in Oberaichbach gesehen worden war. Über die Landshuter Polizei wurde am selben Tag bekannt, daß Josef Brunner mit dem Jagdhund seines Arbeitgebers abgängig sei.
Vizewachtmeister Versch von der Gendarmerie Wörth a. d. Isar war am 27. März auf Fußdienstgang im Dienstbereich. Im Wald bei Furtmühle und Hutzenthal begegnete er gegen 16 Uhr dem Bauernsohn Johann Limbrunner aus Wörth. Dieser machte den Beamten auf Blutspuren aufmerksam, die zu einer Stelle führten, an der Waldboden ein Stück frisch aufgegraben, dann aber wieder zugeschüttet worden

war. Die beiden Männer betrachteten sich den Erdaufwurf näher. Mit bloßen Händen wühlten sie im lockeren Erdreich. Sie hatten nicht allzutief hineingebuddelt, da faßten sie ein Tierbein. Als der ganze Kadaver freigelegt war, erkannte der Gendarm den gesuchten Jagdhund. Nichts Gutes ahnend, entdeckte Vizewachtmeister Versch in einiger Entfernung eine weitere kleine Erdaufschüttung, auf der ein meterhohes Fichtenbäumchen frisch gepflanzt war. Er hatte keine Mühe, das Fichtenbäumlein herauszuziehen. Ein Loch tat sich auf und gab die Leiche eines Mannes frei. Das Loch, in dem der Leichnam lag, war nur 1,20 Meter lang. Es mußte den Mörder große Anstrengungen gekostet haben, den Toten hineinzustopfen. Diesem waren die Füße nach hinten aufgebogen. Sein Körper wies Eindrücke von Fußtritten auf. Die Leichenidentifizierung war Routineangelegenheit. Es handelte sich ohne Zweifel um den Hausmeister Josef Brunner. Nun galt es, seinen Mörder zu finden.

Der Hinweis, Josef Brunner könnte aus Eifersucht getötet worden sein, kam aller Wahrscheinlichkeit von Walburga Limbrunner. Sie war Magd im Gasthaus von Josef Haider und hatte ein Verhältnis mit dem Bauernsohn Georg Haider. Er war Kriegsinvalide und wurde immer verspottet. Dennoch wollte Walburga ihn heiraten; Georg war im siebten Himmel.

Weil er aber keine gesicherte Lebensstellung bieten konnte, löste Walburga Limbrunner das Verhältnis wieder und wandte sich dem Hausmeister Josef Brunner zu. Haider wurde rasend eifersüchtig. Im Verhör bei der Polizei gestand er die Tat.

„Der Brunner hat ein Mädel poussiert, das ich gerne geheiratet hätte. Wir waren soviel wie versprochen und haben auch wie Eheleute miteinander geschlafen. Auf einmal hat die Wally von mir nichts mehr wissen wollen. Ich habe Tag und Nacht keine Ruhe mehr gehabt und nicht mehr schlafen können. Das hat mir Kopfarbeit gemacht. Studiert und studiert habe ich, was ich tun kann, daß Wally wieder mit mir geht. Als sie mir dann sagte, sie heiratet einen Eisenbahner, da sagte ich zu ihr, sie solle es gut sein lassen und lieber mit mir gehen. Ich habe versprochen, ihr alles zu geben, was sie will, sie wollte aber nicht mehr. Da habe ich gewußt, sie hat mich nur zum Narren gehalten. Trotzdem habe ich ihr an Weih-

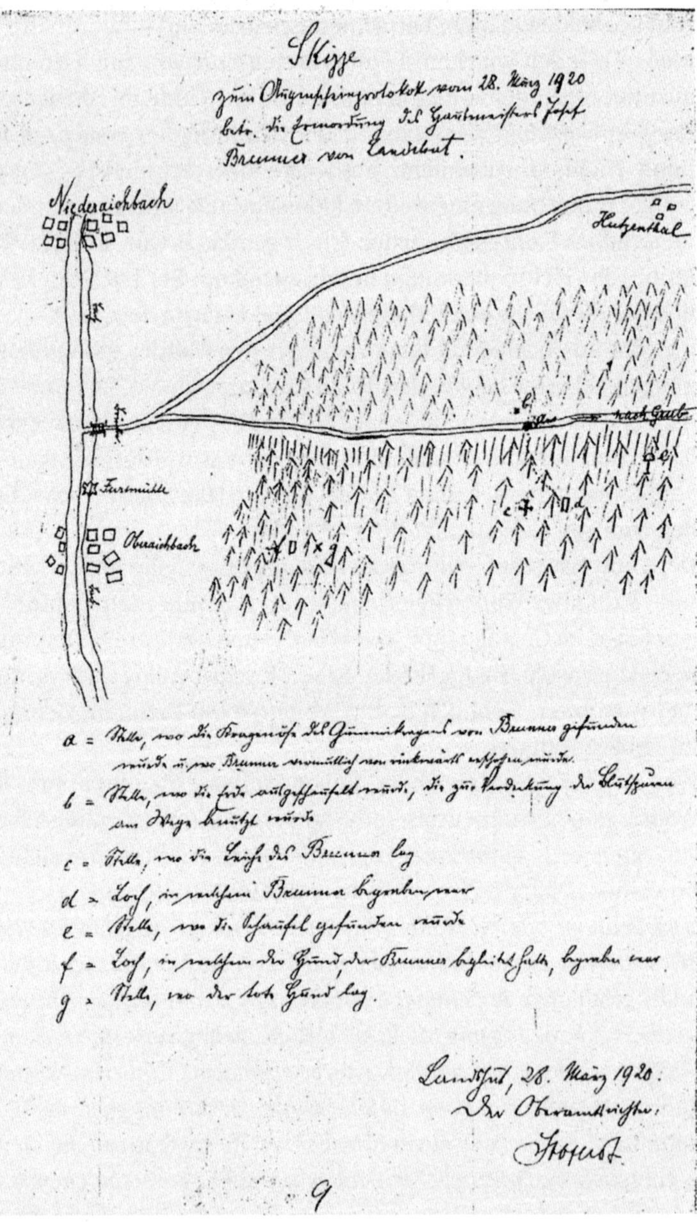

Abb. 3: Mit einer genauen Skizze wurde der Fundort von Josef Brunner und seinem Hund dargestellt.

nachten noch Ohrringeln gekauft und hernach ihr auch noch hie und da was geschenkt. Das hätte sie nicht mehr nehmen sollen, mich hat es unheimlich geärgert, daß sie mich ausnützte.“

Nervös und fahrig, wie Georg Haider wurde, mußte er auch noch erfahren, daß die Wally schwanger war vom Brunner. In seiner Verzweiflung reifte in Georg Haider der tödliche Plan.

„Unter dem Namen Xaver Meier von Impenbach telefonierte ich am 23. März abends um 6 Uhr von einer öffentlichen Telefonstelle in Triendorf aus den Brunner an und sagte ihm, daß ich 50 Klafter Stockholz, das Klafter um 65 Mark, zu verkaufen habe. Ich bestellte ihn für den 25. März um die Mittagszeit auf die Hutzenthalerbrücke unterhalb der Furtmühle und erklärte ihm, daß er da hin am besten komme, wenn er den Weg über Oberaichbach nehme. Nach dem Telefonat trieb es mich sakrisch um. Ich konnte den vereinbarten Zeitpunkt kaum noch erwarten. Bereits am anderen Tag, dem 24. März, schaufelte ich im Wald nahe der Furtmühle ein Loch und überdeckte dieses mit Zweigen. ‚Darin werde ich den Brunner vergraben‘, dachte ich mir.“

Am Tattag machte sich Georg Haider beizeiten auf den Weg. Er nahm sein Infanteriegewehr, das er als Einwohnerwehrmitglied besaß, und 15 dazugehörende Patronen mit. Mit dem geladenen und ungesicherten Gewehr wartete er hinter einem Gebüsch neben dem Waldweg auf Brunner. Als dieser so um halb zwölf Uhr herum angeradelt kam, ging ihm Haider entgegen. Brunner hatte einen Jagdhund dabei, der an der Leine neben ihm herlief. Als sie zusammentrafen, klagte Haider: „Du und die Wally, ihr habt's mich schön an der Nas'n rumg'führt. Wo ich hör', daß Du sie heirat'st und mir hat sie's auch versprochen. Keinen Charakter hast Du gar nicht, Du sollst mit ihr nicht ang'fangt haben, weil Du sowieso ein Mädel hast.“ Darauf Brunner: „Was wird die so einen Lausbuben heiraten, der wo hint und vorn nix hat.“ Die beiden Kontrahenten gingen nebeneinander her und stritten noch eine Weile miteinander. Während sie stritten, wurde Haider immer wütender.

„Ich holte das Gewehr aus dem Poschen. Als Brunner das gesehen hat, schmiß er das Radl weg, da war ich gerade noch einen Schritt von ihm weg. Wie er weglaufen wollte, da fuhr ich mit dem Gewehr herum, und

Das Volksgericht Landshut erlässt in öffentlicher Sitzung am 7.April 1920 nachmittags 5 Uhr – Min. nachstehendes einstimmig gefasstes

Urteil:

Haider Georg, geboren 30. April 1893 in Hutzental, Gemeinde Oberaichbach, Sohn der Bauerseheleute Georg Haider und Katharina, geb. Berndl, kath., led. Bauerssohn in Hutzental, ist schuldig eines Verbrechens des Mordes und eines sachlich damit zusammentreffenden Vergehens des Diebstahls und wird wegen des Verbrechens des Mordes zur

Todesstrafe

und wegen des Vergehens des Diebstahls zu einem Jahre Gefängnis sowie zur Tragung der Kosten des Verfahrens und der Straf=vollstreckung verurteilt.

Dem Angeklagten werden die bürgerlichen Ehrenrechte auf Lebenszeit aberkannt.

Gründe:

x.

Vorstehendes Urteil ist vollstreckbar.

Zur Beglaubigung.

Landshut, den 7.April 1920.

Der Gerichtsschreiber des Volksgerichts:

Dunker

Abb. 4: Einstimmig das Urteil gegen Georg Haider: Todesstrafe

dann krachte es auch schon. Er fiel gleich hin, ich packte ihn und zog ihn awi (hinunter) zum Loch und grub ihn ein. Ich stampfte die Erde fest hinein, am anderen Tag pflanzte ich eine junge Fichte darauf.“
Der Hund hat den Mörder nicht angepackt. Georg Haider haute ihm gleich mit einem spitzen kleinen Hammer dreimal auf den Kopf und schnitt ihm die Gurgel ab mit einem Schnappmesser. Dann verscharrte er ihn im Waldboden.
Bevor Haider sein Opfer eingrub, nahm er ihm das Geld aus seinen Brieftaschen.
„Im Grab drinnen braucht er kein Geld, aber ich, habe ich gedacht, kann es gut brauchen. Es waren zwei Brieftaschen. Auf die Nacht, gegen 9 Uhr, bin ich mit dem Rad des Brunner an die Isar gefahren. Den Rucksack, den Brunner bei sich gehabt hat, und die beiden Brieftaschen habe ich auch mitgenommen. Dann legte ich das Rad und die Sachen neben die Isar. Es sollte ausschauen, daß sich einer ins Wasser gestürzt hat.
Den Fünfzigmarkschein, der noch in einer Brieftasche war, den habe ich übersehen. Alles andere müssen drei bis vier Fünfzigmarkscheine und ein paar Zwanzigmarkscheine gewesen sein. Genau habe ich das Geld nicht nachgezählt, aber einige tausend Mark waren es nicht.“
Haider zeigte während seiner Aussage weder eine Gemütsregung noch bereute er die Tat. Er hinterließ den Eindruck, als habe er alles für eine Vernehmung auswendig gelernt. Er wurde am Ende des Verhörs festgenommen. Der Amtsrichter in Landshut erließ Haftbefehl.
Das Volksgericht Landshut erkannte die Tat an als Mord aus Eifersucht und verurteilte Georg Haider schon am 7. April 1920 nachmittags um 5 Uhr wegen Mordes zum Tode.
Die bürgerlichen Ehrenrechte wurden ihm auf Lebenszeit aberkannt. Wegen des an sich genommenen Geldes nach der Ermordung von Brunner erkannte das Gericht auf ein mit dem Mord sachlich zusammentreffendes Vergehen des Diebstahls und verhängte dafür eine Gefängnisstrafe von einem Jahr. Das Urteil war nach der Verkündung sofort rechtskräftig.
Der Ministerrat des Freistaates Bayern beschloß am 15. Mai 1920, Haider keine Gnade zu gewähren. Am 18. Mai, um 7.45 Uhr, lag diese Entscheidung auf dem Tisch des Staatsanwalts in Landshut. Das

Abschrift

des Briefes Georg Haider an seine Mutter

Frau Kathi Haider
in Hutzenthal
Post Niederaichbach&

Landshut den 9.4.20

Liebe Mutter!

Jn den es mir erlabbt ist so muss ich Dir noch einen Brief schreiben, lieb Mutter ich bite dich schicke den Bruder Heinrich herein weil ich in ein Geld geben möchte. Das ich noch 50M habe dan ganzt mir vieleicht ein Brot geben dafür den das Brot ist seh wenig, ich kann es Dir nicht schreiben wie viel das ich bekomen habe den die Begatichung ist noch nicht da vieleicht komt Bruder Heinrich vor Sontag zu mir herein. Liebe Mutter du Weißt es das ich und ihr ale ins Unglück gekommen sind durch die Wally Limbrunner aber leider Gottes kann man es jetzt nicht mehr ändern und dan wird es im Gotesnamen wieder einmal recht werden den mich hat das Siniren und das Schtutieren ins Unglück gebracht und ist mir nicht mehr aus den Kopfe gegangen und bin dadurch Unglücklich geworden vir mein ganzeß Leben lang aber liebe Mutter Verzeihet es mir das ich euch so Unglücklich gemacht habe. bitte um ein Brot/
Ich schließe mein schreiben und hofe daß ihr noch ale Gesund seit

Es grüßt euch ale recht vielmals eiher Unglück-
licher Sonn und Bruder

Georg

Für Beglaubigung

Landshut, 10.4.20

Der I. Erste Staatsanwalt.

Abb. 5: Um Verzeihung und um Brot bat Georg Haider in seinem letzten Brief.

bedeutete, daß Georg Haider höchstens noch 24 Stunden zu leben hatte. Sobald der Beschluß des Ministerrates, von dem Begnadigungsrecht keinen Gebrauch zu machen, in den Händen des Staatsanwalts war, mußte das Todesurteil spätestens nach 24 Stunden vollstreckt werden. Zuständig für die Vollstreckung von Todesurteilen der Volksgerichte waren Militärbehörden und Kommandostellen der Bayerischen Landespolizei. Die Erschießung des Haider erfolgte durch ein Kommando einer Landshuter Militäreinheit.

Die Mutter von Georg Haider erhielt ein letztes Lebenszeichen von ihrem Sohn aus dem Gefängnis am 9. April 1920. In einem Brief bat er: „Liebe Mutter, verzeiht mir, daß ich Euch so unglücklich gemacht habe", und verlangte noch nach Brot, weil solches im Gefängnis sehr wenig sei.

6. DER GEHEIMNISVOLLE DOLCH

Landshut

Landkreis Landshut, Niederbayern

Am 1. April 1922, nachmittags 2 Uhr, fanden Polizeibeamte die 76 Jahre alte Stadtkämmererswitwe Elise Lengmüller und ihre 33jährige Tochter Lisa tot in ihren Schlafzimmern in der Wohnung in Landshut, Neustadt Haus 463 im III. Stock. Beide waren ermordet worden. Mutter Lengmüller hatte tief unten im Schlund einen 19 cm langen Knebel, gefertigt aus einem Taschentuch, und einen zweiten, 10 cm kleineren, im Mund stecken. Daran war sie erstickt. Tochter Lisa lag, nur spärlich bekleidet, quer über ihrem Bett, der Oberkörper hing über die Bettkante hinaus. Auf dem Boden unter dem Kopf war eine große Blutlache, das Bett voll von Blutspritzern. Der Täter hatte ihr einen Stich in die Halsgrube bis in den Nacken gesetzt und dabei die Schlagader durchtrennt.
Die Obduktion der Leichen ergab, daß der Mörder bei der Tatausführung mit großer Brutalität vorgegangen war.
Lisa Lengmüller war am Nachmittag des 30. März 1922, einem Donnerstag, zuletzt in der Stadt gesehen worden. Gegen 16.45 Uhr kaufte sie im Metzgerladen Rötzer ein. Da sie sichtlich unter Zeitnot war, erhielt sie eine bevorzugte Bedienung. Eilig habe die Lisa die Metzgerei verlassen, berichtete später die Verkäuferin der Polizei. Statt zu ihren musischen und sportlichen Übungen zu gehen, mußte sie die gekaufte Wurst noch heimgebracht haben und in der Wohnung ihrem Mörder begegnet sein. Denn am selben Abend wollten zwei Freundinnen die Lengmüllers besuchen. Auf wiederholtes Klingeln an der Wohnungstür machte niemand auf. Auch anderntags, am Freitag, dem 31. März, wurde ihnen nicht geöffnet. Die Frauen waren ratlos. Noch nie hatten Elise und Lisa sie vor der Türe stehen lassen. Beide wußten, daß es um die Gesundheit der Elise schlecht bestellt war, nahmen deshalb an, augenblicklich als Besucherinnen nicht gerne gesehen zu sein und gingen ein wenig enttäuscht aus dem Haus. Sie verabredeten sich aber, am folgenden Tag, Samstag,

dem 1. April, gleich nach dem Mittag erneut zu den Lengmüllers zu gehen, um nach dem Rechten zu sehen. Abermals läuteten sie vergebens. Als auch auf Rufen und Klopfen an die Wohnungstüre keine Reaktion erfolgte, fragten sie bei der Mieterin der darunterliegenden Wohnung nach, ob sie wisse, was mit den Lengmüllers los sei. „Letztmals habe ich Tritte und Laute aus der Wohnung über mir am Donnerstag gehört. Wenn ich mich recht entsinne, war das so gegen 5 Uhr nachmittags gewesen“, sagte die Frau. „Seitdem ist es sehr ruhig da oben. Lisa wird halt besonders leise umgehen, weil doch die Mutter schon längere Zeit arg kränkelt.“ Nach kurzem Zögern meinte sie dann aber noch: „Eigentlich scheint's mir jetzt auch so, daß oben in der Wohnung etwas nicht stimmt. Man sollte die Polizei verständigen.“

Ohne noch länger zuzuwarten, gingen die beiden Freundinnen zur Polizei. Auf der Wache brachten sie ihre Bedenken vor. Beamte gingen daraufhin zur Lengmüller'schen Wohnung und öffneten sie mit einem Nachschlüssel, den sie sich vom Hausbesitzer besorgt hatten. In den Schlafzimmern entdeckten sie dann die schaurigen Verbrechen.

Von der Neugier getrieben, waren die beiden Freundinnen in die Wohnung gegangen. Als sie die Toten sahen, beteuerten sie einhellig: „Dös hod nieamands anders getan als der Eitele.“ Auf die Frage der Polizeibeamten, womit sie ihren Verdacht begründen könnten, antwortete Bertha Beer: „Lisa hat zu mir am Mittwoch, es war der 29. März, mit scharfen, abfälligen Worten gesagt, der Eitele ist ein ausgekochter Lump, ein Bazi, zu jeder Schandtat bereit. Die Uhr meines verstorbenen Vaters hat er hinter meinem Rücken verkauft, und mir sind jetzt die Augen aufgegangen, was für ein abgefeimter Schurke er ist. Ich bin mir sicher, der hat es auf meinen Schmuck abgesehen. Immer wieder verlangt er ihn von mir zu sehen. Seit drei Wochen werde ich ein unheimliches Angstgefühl nicht mehr los, daß Ludwig falsch zu mir ist und Schlimmes vorhat.“ Die andere Frau, Augusta Kölbl, fügte hinzu: „Ich weiß es, die Lisa hatte viel Schmuck. Ringe, Halsketten, Ohrringe und so. Da muß man nachschauen, ob die Sachen noch da sind.“

Ludwig Eitele, Sohn eines Landshuter Bürstenwarenfabrikanten, hatte sich seit Anfang des Jahres 1921 von Lisa Lengmüller Klavierunterricht geben lassen. Sehr bald schon verliebten sich die beiden. Die neun Jahre ältere Lisa stammte aus gutem Hause. Ihr Vater war Stadtkämmerer gewesen. Die Familie Lengmüller zählte zur oberen Gesellschaftsklasse in der Stadt, und Lisa war sozusagen eine „höhere Tochter". In der Wahl ihrer Verehrer aber war sie anspruchsvoll gewesen und dadurch in die ungute Situation hineingeraten, mit 33 Jahren und noch im Ledigenstand als „alternde Jungfrau" eingestuft zu werden. Sich diesen Stempel aufdrücken zu lassen, widersprach ihrer Eitelkeit. Als nicht unvermögende Bürgerstochter durfte sie für sich in Anspruch nehmen, dem Mann gehören zu wollen, dem ihr Herz sich zuneigte. In Ludwig Eitele meinte sie, sich den Richtigen auserwählt zu haben. Dieser gaukelte ihr Liebe vor. Daß ein wesentlich jüngerer, gut aussehender Mann, der noch dazu einer angesehenen Bürgersfamilie angehörte, sie begehrte, schmeichelte ihr und machte sie stolz. Lisa war dem Eitele hörig geworden. Sein Charme und seine guten Umgangsformen beeindruckten und betörten das reife Mädchen. In grenzenlosem Vertrauen legte sie ihre Vermögensverhältnisse offen und zeigte ihm auch ihren gesamten, wertvollen Schmuck. Zu spät dämmerte es ihr, einem Luftikus und Gauner aufgesessen zu sein, dem sie letztlich nur ein lohnendes Zielobjekt abgab. Deshalb weinte sie sich bei einer Freundin ihrer Mutter aus und ließ sich bemitleiden.
Während Ermittlungsbeamte am Tatort notwendige Untersuchungen zur Aufklärung des Verbrechens Vornahmen, fahndeten Kollegen bereits nach Eitele. Denn Ludwig Eitele war der Polizei kein Unbekannter mehr. In der letzten Zeit war er verhältnismäßig oft mit dem Gesetz in Konflikt gekommen, und bei ihm daheim mußte recherchiert werden. Die Familie kam bald ins Gerede und fürchtete um den guten Ruf des Hauses. Als diesmal Beamte erschienen und nach dem Sohn Ludwig fragten, schwante der Mutter des Gesuchten Böses. Seit zwei Tagen war Ludwig wie vom Erdboden verschwunden. Sollte er schon wieder etwas angestellt haben? Mit versteinertem Blick saß Vater Eitele neben seiner Frau und hörte zu, als sie tränenreich zu er-

zählen anfing: „Tief drinnen in meinem Herzen fühle ich es, Ludwig hat die Frau umgebracht. Er hat mir oft davon erzählt, daß die Lisa viel und teueren Schmuck besitzt. In seinen Augen zuckten dabei Blitze, und mir wurde bange. Wie Schuppen fiel es mir von den Augen: Ludwig liebte nicht die Lisa, sondern ihren Schmuck. Mit keinem Wort sprach er davon, wie sie zueinander stehen. Obwohl er zuletzt mehr bei den Lengmüllers war als daheim, dachte ich nie an eine Dauerverbindung der beiden. Zu unterschiedlich waren sie im Charakter, als daß sie zusammengepaßt hätten. Ludwig war ein Windhund und hinter jedem Weiberrock her. Frauen sind es auch, die ihn in ständige Geldschwierigkeiten bringen." Nach den Aussagen der Mutter kostete Ludwig sein aufwendiges Leben mehr, als er bezahlen konnte. Mit dem wöchentlichen Taschengeld von 150 Mark konnte er seine überzogenen Lebensansprüche nicht finanzieren. Innerhalb kürzester Zeit hatte sich sein Schuldenberg auf 25.000 Mark angehäuft. Sogar auf das väterliche Geschäft hat er einen nicht unbedeutenden Kredit aufgenommen. Um ihn zu bekommen, spiegelte er falsche Tatsachen vor: „Ludwig ist zum Betrüger und Hochstapler geworden, der Freunde um sich hat, deren Straflisten länger sind als der Bart, den sie im Gesicht tragen."
Ludwig Eitele wurde von Fahndern der Münchner Kriminalpolizei am Sonntag, dem 2. April in der Frühe vom Bett heraus im Hotel Germania festgenommen. Er wohnte dort mit seiner angeblichen Braut Therese Stadler aus Landshut und dem Freund Heinrich Rudolf Scherf seit Donnerstagabend, dem 30. März. Eitele bestritt die ihm auf den Kopf zugesagte Tat und beschuldigte statt dessen seinen Kumpel Scherf, die beiden Frauen in Landshut getötet und beraubt zu haben. Von Scherf habe er Schmuck zum Verkauf erhalten, gab er zu Protokoll.
Scherf, ein liederlicher Mensch mit langer Strafliste, ging keinem geregelten Broterwerb nach. Er lebte ausschließlich von den Erträgen aus strafbaren Handlungen, wobei er Diebstahl, Hehlerei und Zinswucher bevorzugte. Von ihm lieh sich Eitele gegen horrende Zinsen größere Geldbeträge. Da es nie zu den vereinbarten Rückzahlungen der Darlehen kam, wuchsen die Schulden rapide an. Als Eitele end-

gültig total abhängig war von Scherf, wollte auch Lisa Lengmüller ihre geborgten 1500 Mark zurückhaben. Das war ihr Todesurteil, denn Eitele wollte nun an ihre Kostbarkeiten kommen, koste es, was es wolle.

So trieb sich Eitele am Donnerstag den ganzen Tag zusammen mit Scherf in der Stadt Landshut herum. Am späten Nachmittag ließ Lisa Eitele in die Wohnung. Er veranlaßte sie, sich zu entkleiden. In einem Nebenraum zog sich Lisa aus bis auf Hemd, Hose, Strümpfe und Schuhe, legte sich einen Nachtmantel um und folgte dem Geliebten in ihr Schlafzimmer. Eitele packte sie und warf die völlig Verstörte quer über das Bett. Mit einem wuchtigen Handkantenschlag gegen die Schläfe betäubte er Lisa. Dann stieß er ihr einen spitzen Gegenstand in die Halsgrube und zog den Stich 14 cm lang bis in den Nacken hinab. Dabei wurde die Schlagader durchtrennt, das Opfer verblutete in Sekundenschnelle. Von Lisas Zimmer aus ging Eitele hinüber in das Schlafzimmer der Elisa Lengmüller. Diese schlief im Bett, bemerkte seine Anwesenheit deshalb nicht. Er faltete sein Taschentuch zu einem Knebel und schob ihr diesen gewaltsam tief hinunter in den Schlund. Dann nahm er ein Taschentuch der Frau aus der neben dem Bett stehenden Kommode, machte daraus einen etwas kleineren Knebel und schob ihn ihr in den Mund. Die alte Frau starb einen gräßlichen Erstickungstod.

Eitele kehrte zur toten Lisa zurück, zog ihr wertvolle Ringe von den Fingern, nahm beide Ohrringe ab und stahl weitere 39 Stücke (Brillanten, Ringe, Broschen, Halsketten, Anhänger, Armreife und vieles mehr) mit einem Gesamtwert von 17 525 Mark. Dazu raffte er noch das in einer Küchenschublade aufbewahrte Bargeld in Höhe von 900 Mark zusammen und steckte es ein. Die Schmucksachen tat er in einen Schuhkarton, verschnürte diesen zu einem Paket, zog alle Vorhänge in der Wohnung zu, schloß sämtliche Türen mit dem Originalschlüssel hinter sich zu und verließ eiligen Schrittes den Ort des Grauens.

Eitele suchte Scherf. In der Königsfelder Gasse trafen sie zusammen, berieten eine Zeitlang, was sie machen sollten, und entschlossen sich zur Fahrt nach München. Sie holten Therese Stadler von ihrem Zu-

Abb. 6: Ludwig Eitele, geboren am 7. November 1898 in Landshut

Abb. 7: Heinrich Rudolf Scherf, geboren am 9. Juni 1895 in Aschaffenburg

hause ab und nahmen sie mit. Bis zur Ankunft in München hatte Eitele nichts vom Schmuck gesagt. Erst vor dem Zubettgehen gab er Scherf einen größeren Teil und bezahlte damit seine Schulden. Anderntags gingen beide los, Schmuckstücke in Geschäften für Gold- und Schmuckwaren abzusetzen. Unter dem Falschnamen Karl Schardt aus Starnberg verkaufte er einen Brillantring für 1500 Mark, dessen Wert war jedoch ein Vielfaches mehr gewesen. Als Theodor Landauer aus Dingolfing gab er weiteren Schmuck einem Juwelier in Kommission. Am Samstag, dem 1. April 1922, erfuhr Scherf aus der Zeitung vom Doppelmord in Landshut und dem nachfolgenden Raub wertvollen Schmuckes. Da wurde ihm klar, daß Eitele die Tat verübt hatte. „Mich wird man zwar wegen Hehlerei und persönlicher Begünstigung des Eitele bestrafen, eine Beihilfe oder gar eine Mittäterschaft an dem Verbrechen kann mir nicht angehängt werden. Ich habe davon nichts gewußt." Mit diesem persönlichen Eingeständnis ging er zusammen mit Eitele in die Untersuchungshaft.
Bereits bei der ersten Vernehmung benannten Eitele und Scherf die Geschäfte, in denen sie Schmuckstücke verkauft hatten. Eitele führte die Ermittlungsbeamten auch zu einem Versteck in Grünwald bei München, in welchem er am Tag zuvor einige besonders teuere Stücke verborgen hatte. Der gesamte Schmuck wurde sichergestellt. Den Doppelmord leugnete Eitele vehement. Er verstrickte sich immer mehr in Lügen. Auch hatte er bei der Anschuldigung, Scherf sei der Doppelmörder, den Tatablauf geschildert, wie ihn nur der Täter kennen konnte und wie letztlich Einzelheiten auch am Tatort von der Polizei festgestellt worden waren.
1918 war Eitele in der Nervenheilanstalt Haar auf seine geistige Zurechnungsfähigkeit untersucht worden. Immer, wenn er etwas Unbotmäßiges getan hatte, behauptete er, sich an nichts erinnern zu können. Aus heiterem Himmel täuschte er Bewußtseinsstörungen vor, legte sich hin, wand sich in Zuckungen und schäumte aus dem Mund. Wie er dies bewerkstelligte, darüber bestand bei den Fachärzten die größte Ratlosigkeit. Das Schlußurteil der Anstalt Haar lautete bei seiner Entlassung: „Er (Eitele) ist ein Psychopath vom Typ des

Abb. 8: Kriminalepisoden hat das Heft „Der geheimnisvolle Dolch".

reizbaren, erregten Menschen, der einen hysterischen Anfall zu inszenieren jederzeit in der Lage ist.“

Bevor über Eitele zu Gericht gesessen wurde, kam er erneut in psychiatrische Behandlung. Nach eingehenden Beobachtungen beurteilten ihn die sachverständigen Ärzte folgendermaßen: „Eitele ist ein Spinner. Er glaubt sich von den Eltern verstoßen, kokettiert mit Selbstmordideen, hat es aber damit nicht eilig, findet statt dessen an der Vorstellung, sich selbst totzuschießen, einen Vorgenuß seines Todes an einem Geburtstag, um dann mit der Wunde am Kopf über dem Grab seiner Vorfahren zu liegen.“

Eitele hatte sich von einer Braunschweiger Film-Aktiengesellschaft Broschüren schicken lassen, auf deren Titelseite ein spitzer Dolch abgebildet ist, der am Schaftende einen Totenkopf hat. Die Klinge durchbohrt ein Fragezeichen, und an der Klingenspitze tropft Blut herab. In sechs Abteilungen mit dem Titel: „Der geheimnisvolle Dolch“ werden 18 Kriminalepisoden beschrieben, wie beispielsweise: „Ein schrecklicher Unglücksfall“, „In den Klauen des Todes“, „In verbrecherischen Händen“, „Ein teuflischer Plan“ u. a. m. In jeder dieser Episoden spielt der „geheimnisvolle Dolch“ eine Rolle.

Tat er dies auch im Mordfall der Lisa Lengmüller? Ihr war mit einem spitzen Gegenstand in die Halsgrube gestochen worden! Besaß Eitele einen Dolch? Nie war das Tatwerkzeug gefunden worden. Hatte Eitele es in die Isar geworfen? Rätsel reihten sich aneinander, zu einer Lösung hatte auch das Gericht nicht gefunden.

Die Hauptverhandlung gegen Eitele und Scherf fand am 10. Juli 1922 vor dem Volksgericht für den Landgerichtsbezirk Landshut statt. In dem Mammutprozeß waren 49 Zeugen aufgeboten. Eitele wurde überführt, den Doppelmord und den Raub des Schmuckes begangen zu haben. Das Volksgericht sprach das Urteil:

1. *Eitele Ludwig, geboren am 7. November 1898 in Landshut, lediger Bürstenmacher in Landshut, seit 2. April 1922 in Untersuchungshaft, ist schuldig, zweier Verbrechen des Mordes in Tateinheit mit einem Verbrechen des schweren Raubes,*
2. *Scherf Heinrich Rudolf, geboren am 9. Juni 1895 in Aschaffenburg, seit 2. April 1922 in Untersuchungshaft, eines Verbrechens der Per-*

sonenhehlerei mit einem Vergehen der Sachhehlerei und werden verurteilt:
Eitele Ludwig wegen jedes der beiden Verbrechen zur Todesstrafe,
Scherf Heinrich Rudolf zur Gesamtstrafe von vier Jahren und fünf Tagen Zuchthaus.
Die bürgerlichen Ehrenrechte werden aberkannt;
Eitele auf Lebenszeit — Scherf auf die Dauer von fünf Jahren.

Volksgerichte urteilten schnell und präzise. Die Urteile wurden sofort rechtskräftig. Hatte der Ministerrat des Freistaates Bayern von seinem Begnadigungsrecht keinen Gebrauch gemacht, mußte das Urteil binnen 24 Stunden vollstreckt werden. Ludwig Eitele erhielt keinen Gnadenerweis. Das gegen ihn verhängte Todesurteil wurde durch Erschießen vollstreckt. Das Erschießungskommando hatte die Bayerische Landespolizei zu stellen, die Exekution erfolgte im Hof des Landgerichtsgefängnisses Landshut.
Zur Urteilsvollstreckung hatte die Staatsanwaltschaft in einem Schreiben vom 27. August 1922 an den Kommandeur der Bayerischen Landespolizei in Landshut angeordnet:
„Die Vollstreckung hat spätestens 24 Stunden, nachdem der Beschluß des Ministerrates dem Staatsanwalt zugegangen ist, zu erfolgen, also bis längstens 28. August 1922, vormittags 8 Uhr 25 Minuten. Ein Mitglied des Volksgerichtes muß dabei zugegen sein. Das Vollzugskommando hat aus zehn unteren und einem oberen Vollzugsbeamten der Landespolizei (Polizeihauptmann oder Oberleutnant) zu bestehen. Auf dem Richtplatz wird dem Verurteilten durch den Führer des Vollzugskommandos die Urteilsformel mit dem Vermerk über den die Begnadigung ablehnenden Beschluß des Ministerrates vorgelesen.
Nachdem dem Geistlichen gestattet worden ist, dem Verurteilten nochmals zuzusprechen, führen die zehn, in zwei Gliedern eingeteilten und fünf Schritte vor dem Verurteilten aufgestellten Unterbeamten der Landespolizei das Urteil auf Kommando oder Wink aus. Ob dem Verurteilten die Augen zu verbinden oder ob er zu fesseln ist, wird von dem Führer des Vollstreckungskommandos nach den Umständen entschieden.

Die Urkunde über den Vollstreckungsakt, unterzeichnet von dem die Vollstreckung leitenden Beamten und dem Mitglied des Volksgerichts, bitte ich mir alsbald nach der Vollstreckung übersenden zu wollen.“

Der Führer des mit der Erschießung beauftragten Kommandos, ein Polizeioberleutnant, meldete am 28. August 1922 an das Kommando der Bayerischen Landespolizei in Landshut: „Exekution ausgeführt um 8 Uhr 15 Minuten.“

Der Kommandeur, ein Polizeimajor, erstattete schriftliche Vollzugsmeldung an die Staatsanwaltschaft. Eiteles Eltern übernahmen den Leichnam und veranlaßten die Beerdigung. Sie lehnten es ab, die Leiche obduzieren zu lassen.

Heinrich Rudolf Scherf verbüßte seine Zuchthausstrafe im Zuchthaus Kaisheim bei Donauwörth.

7. DIE TOTE IM KORNFELD

Hettenkirchen, Bezirksamt Freising

Landkreis Freising, Oberbayern

Er sah auf die Uhr. Kurz vor 3 Uhr war es. Eigentlich hätte er sich noch ein Stünderl aufs Ohr legen können. Da er nun schon mal auf war und dazu befürchtete, das Aufstehen zur gewohnten Zeit zu verschlafen, schickte er sich an, gleich zum Grasmähen zu gehen. Je zeitiger, desto besser, meinte er, dann sei das Fliegengeschmeiße noch nicht so bösartig. Nach der ersten Sonneneinstrahlung wurde das Ungeziefer lebendig und bereitete den Mahdern auf der Wiese großes Ungemach. So also fand der Dienstknecht Alois am Montag, 30. Juni 1924, früh aus dem Bett.

Alisi, so nannten ihn seine Mitmenschen, holte aus der Joppentasche eine kleine, gebogene Pfeife heraus, stopfte in den Pfeifenkopf Krüllschnittabak und zündete sie an. Danach legte er um seinen Bauch eine dicke Spagatschnur, an der die hölzerne Scheide hing, in welcher sich der Wetzstein befand, schulterte die Sense und ging los. Die Wiese, auf der er Futtergras mähen wollte, lag außerhalb von Hettenkirchen neben dem Fußweg in Richtung Willertshausen. Hastig sog er den Rauch aus der Pfeife und spuckte dann in regelmäßigen Abständen den braunen Nikotinsaft aus, der brennend seine Zunge malträtierte.

Mit weitausholenden Schritten stapfte Alois auf einen Kornacker zu, an dessen oberer Ecke er auf die Wiese seines Bauern einschwenken mußte. Fast wäre er auf das in eine Wolldecke eingehüllte Bündel getreten. Alois erschrak. Unter der Decke ragten nackte Füße hervor. Zuerst dachte er an eine schlafende Person. Denn es war keine Seltenheit, daß Handwerksburschen, Bettler und andere Herumtreiber ihr Nachtlager im Freien wählten. Kreidebleich wurde Alois aber, als er die Decke lüftete und darunter eine tote Frau zum Vorschein kam. Ihm stockte fast der Atem, als ihm die glasigen Augen der Toten entgegenstarrten. Ihr Gesicht war blutverschmiert, der Leib aufgeschlitzt, und Eingeweide lagen teilweise bloß. Alois, der biedere und gläubige Bauernknecht, bekreuzigte sich und warf die Decke wieder über den Leichnam. Er kannte die Frau und wußte, wo sie herstammte. Wie von Hunden gehetzt, rannte er zu seinem Bauern und erzählte diesem vom grausigen Fund. In einer überwiegend bäuerlichen Gegend sind die Menschen im Sommer durchwegs sehr zeitig in der Frühe auf den Beinen. Deshalb sprach es sich in Windeseile herum, daß die Heigl Kathie aus Willertshausen tot in einem Kornacker liege. Der Alisi habe selbige dort gefunden. Die Dorfleute fanden es rechtens, sich an Ort und Stelle von der Wahrheit persönlich zu überzeugen, und sie gingen statt zur Arbeit diesmal erst an den „Tatort". Beamte der Gendarmerie waren ebenfalls eingetroffen und hatten mit den Untersuchungen begonnen. Vor ihnen lag die Leiche der 60jährigen Bauerswitwe Katherine Heigl aus Willertshausen. Sie war den Beamten bekannt. Während ihrer Fußdienstgänge führten sie mit der Frau manchen anregenden Disput. Die Tote wies grauenhafte Verletzungen auf: Vom Genital her bis über den Bauchnabel hinaus aufgeschlitzt, hing ein Teil der herausgequollenen Därme links und rechts von der Bauchdecke herab. Im blutverschmierten Gesicht waren Kratzspuren, was auf eine Abwehr- und Kampfhandlung schließen ließ. Rätsel gab die braune Wolldecke auf, mit der die Tote zugedeckt worden war. Weiter stellte sich die Frage, wo die Frau ermordet wurde. Da sich keinerlei Spuren fanden, gingen die ermittelnden Beamten davon aus, daß Fundort gleich Tatort sei. Man konnte im Verlauf der Spurensuche auch feststellen, daß um die Leiche herum ausgetretenes Blut in den Ackerboden versickert war.

Mittlerweile hatten sich Zeugen bei den Gendarmeriebeamten gemeldet, die wichtige Aussagen machten. Katherine Heigl hatte am Vortag – also am Sonntag, 29. Juni 1924 – eine Bekannte in Freising besucht, die ein Strickwarengeschäft besaß. Dort hatte man in drei Paar Strümpfe für die Heigl Stickereien eingearbeitet. Als sie sich die Strümpfe abholte, war der Geschäftsfrau nicht entgangen, daß Katherine Heigl in ihrer Handtasche eine größere Geldsumme mit sich führte. Die besagte Handtasche war bei der Ermordeten jedoch nicht vorgefunden worden. Bewohner von Hettenkirchen bezeugten, daß sie die Getötete tags zuvor am späten Nachmittag noch in Hettenkirchen gesehen, einige mit ihr sogar noch gesprochen hatten. Wie Katherine Heigl nach Hettenkirchen gekommen war und was sie dort tat, dar-

über finden sich keine Aufzeichnungen. Fest steht nur, daß sie auf dem Heimweg den Feldweg nach Willertshausen nahm, dort ihrem Mörder begegnet sein muß und mit an Sicherheit grenzender Wahrscheinlichkeit im Kornacker neben dem Weg auf bestialische Weise umgebracht wurde. Den Gegebenheiten nach konnte sowohl von einem Raub- als auch von einem Sexualmord ausgegangen werden.
Zunächst befragten die Gendarmeriebeamten den Alois. Dieser, noch stark geschockt von dem Erlebten, sagte wahrheitswidrig, daß er die Tote nicht kenne. Zu Fragen des Auffindens und warum er gerade diesmal zeitiger als sonst zum Grasmähen ging, machte er widersprüchliche Angaben, so daß er bald in den schlimmen Verdacht geriet, mit dem Mord etwas zu tun zu haben. Alois war unbeweibt und hatte in seiner Einfalt einmal gegenüber einer Zeugin bemerkt: „I woaß nöd, warum mi d'Weiberleut nöd mög'n. Aber amol krieag i scho oane, dann geht's aber auf." Davon erfuhren die Beamten. Für Alois hätte es unzweifelhaft fatale Folgen haben können, wäre nicht ein Mann aus der Nachbarschaft als Zeuge aufgetreten, der absolut glaubhaft versicherte, den stark angetrunkenen Knecht vom Wirtshaus heim in seine Schlafkammer gebracht zu haben. Alois darauf angesprochen, warum er bei seiner Vernehmung nicht wahrheitsgetreu ausgesagt habe, entgegnete: „I hob hoit Angst g'habt, daß sie mich für den Mörder halten und einsperren. S'Hirn hod's ma hoit a wengerl durcheinander g'wirbelt."
Bei ihren Recherchen berichteten Zeugen den ermittelnden Beamten von einem Mann, der ihnen am Sonntagabend gegen halb neun Uhr unangenehm aufgefallen war. Dieser habe in Hettenkirchen um Geld angebettelt und von der Person her keinen vertrauenerweckenden Eindruck gemacht. Sämtliche Zeugen beschrieben den Fremden auffallend übereinstimmend und erwähnten ohne Ausnahme einen Rucksack, den der Mann bei sich hatte. Man hätte fast meinen können, mit diesem Rucksack habe es eine besondere Bewandtnis, was sich letztendlich auch bestätigte. Der bis dahin noch unbekannte Bettler nächtigte in einer Gastwirtschaft in Unterzolling. Als Beamte der Gendarmeriestation Attenkirchen ihn dort aufspürten, zechte er gerade kräftig. Der Mann fragte mit etwas schwerer Zunge, womit er den Herren

dienen könne, und lud sie dazu ein, mit ihm ein Bier zu trinken. Entweder ahnte er, daß die Beamten seinetwegen gekommen waren, oder er war rotzfrech und überspielte diesen Tatbestand mit einem forschen Auftreten. Zwei Gendarmen traten an ihn heran und sahen bei ihm an beiden Ohren und an der linken Gesichtshälfte noch frische, leichte Kratzwunden. Nun visitierten sie den Mann und entdeckten an seiner Hose und Joppe vertrocknetes Blut. Ein Taschenmesser, das sie ihm aus der Joppentasche herausholten, war blutbefleckt. Der von allen Zeugen benannte Rucksack lag neben dem Stuhl, auf dem er gesessen hatte, und verbarg drei Paar Strümpfe und eine blaue Frauenschürze. Die Hoffnung keimte bei den Beamten auf, sie könnten vielleicht Wollfasern von der braunen Decke darin finden. Trotz eingehender Suche ergaben sich keine auch nur annähernd verwertbaren Hinweise, daß die Wolldecke im Rucksack gesteckt hatte.
Als der Mann als Johann Baptist Dengler, verheirateter Stallschweizer, geboren am 29. März 1888 in Wiesenfelden, Bezirksamt Bogen, identifiziert war und er seine gesamten Habseligkeiten auf dem Tisch ausbreitete, war darunter eine nicht unbeträchtliche Geldsumme, die er auf keinen Fall erbettelt haben konnte. Und da auch davon die Rede war, daß die ermordete Katherine Heigl eine größere Summe Geld bei sich hatte, als sie ihre Bekannte in Freising verließ, hegten die Beamten nur noch geringe Zweifel, den Mörder der Witwe vor sich zu haben.
Dengler vermochte keine plausible Erklärung über die Herkunft des Geldes und der Strümpfe abzugeben. Gegen den auf den Kopf zugesagten Verdacht, er habe die Bauerswitwe Katherine Heigl aus Willertshausen in einem Kornacker bei Hettenkirchen ermordet, reagierte Dengler aufbrausend, verwahrte sich gegen den Vorwurf und drohte wütend an, sich zu beschweren, weil er sich eine „solchene gemeine Anschuldigung“ nicht gefallen lassen müsse. Zwar bestritt er nicht, zum fraglichen Zeitpunkt in Hettenkirchen und Umgebung gewesen zu sein, von einem dort geschehenen Mord wisse er aber gar nichts. Die bekannten und vorliegenden Indizien reichten aus, um Dengler wegen des dringenden Verdachts des Mordes vorläufig festzunehmen. Der Ermittlungsrichter erließ Haftbefehl und nahm ihn in Untersuchungshaft im Landgerichtsgefängnis Landshut.

Um absolut sicherzugehen, daß die drei Paar Strümpfe aus dem Habgut der Getöteten stammten, wurden sie der Freisinger Geschäftsfrau vorgelegt. Diese behauptete, daß überhaupt kein Zweifel bestünde, sie erkenne die Strümpfe an einem besonderen Merkmal, das von ihr selber angebracht worden war. Untersuchungsbehörde und Ermittler nahmen Dengler anhaltend scharf ins Verhör. Stets leugnete er beharrlich die Tat und betrachtete sich als zu Unrecht verfolgt, obwohl ihm die belastenden Sachbeweise dargelegt wurden. Zuletzt versteifte er sich in der Behauptung, er könne sich an nichts mehr erinnern, wenn er getrunken habe, ihm fehle insbesondere dann der Bezug zu Vergangenem, wenn er einen Vollrausch oder einen epileptischen Anfall hatte. Da wisse er hinterher nicht einmal, was mit ihm geschehen sei oder was er getan habe. Da ist es für jemanden leicht, ihm etwas unterzuschieben. So könne es auch mit den Strümpfen und der Frauenschürze gewesen sein, von der niemand wußte, wem sie gehörte. Dengler steuerte bewußt darauf zu, für unzurechnungsfähig erklärt zu werden und damit für Taten nicht verantwortlich zu sein.
Johann Baptist Dengler war für die Justiz kein unbeschriebenes Blatt. Bei der Durchleuchtung seiner Person trat zutage, daß er schon früh und schon mehrfach mit dem Gesetz in Konflikt gekommen war und längere Zeiten im Zuchthaus und in Gefängnissen zubrachte. Bereits mit 15 Jahren war er 1903 das erste Mal straffällig geworden. Wegen Diebstahls, Betrugs, Körperverletzung, räuberischer Erpressung und versuchter Notzucht saß er bis 1924 viele Jahre in Strafhaft. Die höchste zu verbüßende Strafe waren sechs Jahre Zuchthaus, verbunden mit zehn Jahren Ehrverlust, vom Gericht gegen ihn verhängt für ein Notzuchtsdelikt im Jahre 1907.
Mit seiner Ehefrau hatte Dengler in permanentem Unfrieden gelebt. Er war keiner geregelten Arbeit nachgegangen, ließ sich vorwiegend von der Frau aushalten. Wegen seiner allseits bekannten Straftaten galt er als Schandfleck des Dorfes, die Bewohner lehnten ihn ab wie einen Aussätzigen. Seine Frau betrog er nach Strich und Faden. Diese sagte sich von ihm los, wies ihm die Türe und verbat es sich, daß er jemals wieder zurückkehre. Eine Scheidung der kirchlich geschlossenen Ehe war nicht relevant, weil die damals vorherr-

schenden antiquierten religiösen Anschauungen dies nicht duldeten.
Dengler wurde umtriebig. Nirgendwo gelitten, driftete er ab in ein unstetes, rastloses Leben, das er bis zu seiner Festnahme führte. In der Untersuchungshaft knüpfte er Freundschaften mit Zellengenossen und Zellennachbarn. Einem von ihnen soll er angeblich das Verbrechen an der Katherine Heigl eingestanden haben, was dieser das Gericht wissen ließ. Dengler indes bestritt diese Aussage und leugnete die Tat nach wie vor.
Zur Untersuchung und Beobachtung seines Geisteszustandes kam Dengler in München in psychiatrische Obhut. Die Ärzte urteilten: „Die Tat (Mord an Katherine Heigl) stellt sich dar als Handlung eines sittlich tiefstehenden, sadistisch veranlagten Verbrechers, dem durch vorausgegangenen Alkoholmißbrauch letzte Hemmungen, die ihn vom scheußlichen Mord hätten abhalten können, aus dem Wege geräumt wurden. Er hat sich zur Zeit der Begehung des ihm zur Last gelegten Mordes nicht in einem Zustande von Bewußtlosigkeit oder krankhafter Störung der Geistestätigkeit befunden, durch welche seine freie Willensbestimmung ausgeschlossen war."
Obwohl ein Sexualmord aufgrund des Vorlebens des Dengler und der Tötungsart bei der Katherine Heigl eher in Betracht zu ziehen gewesen wäre, schien die Version eines Raubmordes aus Habgier dem Gericht gangbarer. Denn bei Dengler wurden die Strümpfe der Ermordeten gefunden und eine Geldsumme, die aus dem Besitz der Getöteten stammen könnte. Der Anschein sprach dafür, daß er das Geld der Heigl geraubt hatte. Für das erkennende Gericht ein Beweis, Dengler als überführt anzusehen und ihn abzuurteilen.
Am 13. Januar 1925 verurteilte das Schwurgericht Landshut Johann Baptist Dengler wegen eines Verbrechens des Mordes und eines damit rechtlich zusammentreffenden Verbrechens des schweren Raubes zum Tode und Aberkennung der bürgerlichen Ehrenrechte auf Lebenszeit. Dengler schrieb ein Gnadengesuch und beschwor darin seine Unschuld. Das Gesuch wurde zurückgewiesen. Der Ministerrat des Freistaates Bayern beschloß am 20. Februar 1925, von seinem Begnadigungsrecht keinen Gebrauch zu machen.

Die Verkündigung des Ministerratsbeschlusses an den zum Tode Verurteilten erfolgte am Montag, dem 23. Februar 1925 früh 7 Uhr. Der Staatsanwalt eröffnete Dengler sodann, daß die Vollstreckung des Todesurteils binnen 24 Stunden stattfindet, daß ihm aber auf seine Bitte ein Aufschub der Vollstreckung von weiteren 24 Stunden gewährt werden könne. Dengler bat um Aufschub, worauf ihm eröffnet wurde, daß die Hinrichtung dann am Mittwoch, dem 25. Februar 1925, früh 7 Uhr, erfolgen werde. Diese Endgültigkeit nahm Dengler ruhig und gefaßt auf und verzichtete auf den ihm angetragenen geistlichen Beistand.

Der Hinrichtung im Hof des Landgerichtsgefängnisses in Landshut wohnten bei:

1. der Staatsanwalt und zwei Richter des erkennenden Gerichts sowie ein Gerichtsschreiber,
2. der Landgerichtsarzt und ein Gefängnisbeamter,
3. zwölf Urkundspersonen, bestimmt vom Stadtrat Landshut,
4. freiwillige Zuseher mit zugeteilten Einlaßkarten, die sie beim Gericht beantragt hatten,
5. ein Geistlicher (Kooperator).

Insgesamt sahen 27 Personen zu, wie die Fallschwertmaschine Denglers Kopf vom Körper trennte.

Um 6 Uhr 50 in der Frühe verlas der Gerichtsschreiber den entscheidenden Teil des Urteils, danach betete der Geistliche mit dem Delinquenten. Alsdann wurden diesem auf ein Zeichen des Staatsanwalts von den Nachrichtergehilfen die Augen verbunden und die Hände auf den Rücken gefesselt. Dengler wurde auf das Schafott geführt und auf das Brett geschnallt. Er zeigte keine Gemütsregungen. Teilnahmslos ließ er alles mit sich geschehen. Die eigens für die Hinrichtung bestimmte Glocke der Gefängniskirche begann zu läuten, der Nachrichter waltete seines Amtes. Mit dem Fallen von Denglers Haupt verstummte das Geläut. Der Vollstreckungsakt schloß. Es war 7 Uhr und 5 Minuten.

Johann Baptist Dengler, noch nicht ganz 37 Jahre alt, war tot. Er hatte sein Leben für ein Verbrechen verwirkt, das er nie eingestand und für das es keine Tatzeugen gab. Erdrückende Indizien verwiesen auf

seine Schuld und rechtfertigten sicherlich auch den Urteilsspruch und die nachfolgende Urteilsvollstreckung. Indes aber, das Todesurteil war ausschließlich nur auf Indizien aufgebaut.
Die von Dengler getrennt lebende Ehefrau war vom Hinrichtungszeitpunkt telefonisch von der Staatsanwalt verständigt worden. Vorweg verzichtete sie auf den Leichnam, so daß dieser dem bei der Hinrichtung anwesenden Oberpräparator der anatomischen Anstalt in München übergeben werden konnte.

Nachrichter (im Volksmund Scharfrichter genannt) Johann Reichhart stellte für seine „Arbeit" folgende Kosten in Rechnung, die die Ehefrau zu begleichen hatte:

1.	Transport der Fallschwertmaschine nebst Messern und Block von München nach Landshut nebst Trägergebühren am Bahnhof Landshut	30,00 Mark
2.	Vergütung des Nachrichters für die Hinrichtung	150,00 Mark
3.	Aufwandsentschädigung des Nachrichters für 3 ½ Tage à 10 Mark pro Tag	35,00 Mark
4.	Vergütung der beiden Gehilfen für die Hinrichtung à 60 Mark	120,00 Mark
5.	Tagegelder der beiden Gehilfen für 3 ½ Tage à 4,50 Mark	31,50 Mark
6.	Übernachtungsgelder für die beiden Gehilfen für 3 Tage à DM 3,50	21,00 Mark
7.	Eisenbahnfahrten für 3 Personen von München nach Landshut	10,50 Mark
8.	Trägergebühr für Beförderung der Fallschwertmaschine vom Bahnhof Landshut zum Eisenbahnwagen nach München	2,50 Mark
9.	Aufbewahrung des Blockes in der Gepäckabgabestelle am Bahnhof Landshut für 3 Tage	1,20 Mark
10.	Auslagen für Trambahnkarten für 3 Personen Stadelheim – München	0,45 Mark
	insgesamt	402,15 Mark

8. EINE UNHEILVOLLE ALLIANZ

Gröben, Bezirksamt Dingolfing

Landkreis Dingolfing-Landau, Niederbayern

Etwas mehr als 30 Meter rechts neben der Straße von Reisbach nach Kollbach, gleich unterhalb von Oberkunding[2], steht das Einzelgehöft Gröben. Es gehörte einstmals dem Gütler Rupert Fischer. Zusammen mit seiner Ehefrau Mathilde bewirtschaftete er den kleinen landwirtschaftlichen Betrieb, von dem heute nur noch der Stadel in seinem Urzustand steht. Es war eine „Frett'n", das Fischer-Anwesen. Der Volksmund bezeichnete so eine Landwirtschaft, deren Grund und Boden einem Eigentümer nur das herausgab, was dieser sich durch fleißige Arbeit erwirtschaftete. Fischer war ein arbeitsscheuer Mensch gewesen, der zur Verschwendungssucht neigte. Er verdiente nicht das Geld, welches er gebraucht hätte, seine überzogenen Lebensbedürfnisse zu befriedigen. Deshalb war er im Nebenerwerb Dieb und Hehler, später sogar zum Doppelmörder geworden.

Fischers Behausung, von Südosten bis Nordwesten von Wald umgeben, war ein geeigneter Unterschlupf für Diebesgesindel und hatte eine Menge Schlupfwinkel, in denen Diebesware versteckt werden konnte. Sehr zum Leidwesen seiner Frau, die arbeitsam, spar- und genügsam war, gewährte er fortwährend Bettlern, Dieben und Wegelagerern Unterschlupf. Sie und den sechsjährigen Sohn Rupert behandelte er gefühllos und gemütsroh. Das brachte anhaltenden Unfrieden ins Haus.

Straftäter, die auf der Flucht vor der Gendarmerie waren, konnten sichergehen, in Fischers Haus ein Versteck zu finden. Diebe brachten ihm heiße Waren, an deren Veräußerungen er gut partizipierte. Aus unlauteren Geschäften zog er für sich erhebliche persönliche Vorteile. Mehrmals war er „g'richtsmassig" geworden und hatte öfter einmal auch Gefängnisse von innen gesehen.

Fischers sittliches und moralisches Verhalten war alles andere als anerkennenswert. Er hielt sein Liebesverhältnis mit einer Dienstmagd in Frontenhausen ungeachtet der zornigen Einwände seines Eheweibes aufrecht, und er ignorierte auch deren begreifliche Wünsche, nicht mehr andauernd das Lumpenpack im Hause zu beherbergen. Nie waren die Fischers vor Besuchen der Gendarmen sicher, und meist fanden diese etwas, wofür der Mann im Gefängnis büßen mußte.

Im Frühjahr 1922 lernte Fischer im Gefängnis in Dingolfing den Mithäftling Johann Ferdinand Steingruber kennen, der bereits im Alter von knapp elf Jahren zu vagabundieren begonnen hatte. Er war bei seinen Pflegeeltern in Österreich ausgerissen und mit einer Landfahrergruppe durch die Lande gezogen. Im Herbst 1921 hielt sich die Sippe in Dingolfing auf. Einige Gruppenmitglieder betrogen die Leute beim Verkauf wertloser Teppiche, und andere Sippenangehörige schlichen sich zum Stehlen in Häuser und Wohnungen ein. Steingruber, gerade 18 Jahre alt, wurde auf frischer Tat ertappt und vom Hausbesitzer der herbeigeholten Gendarmerie übergeben. Wegen dieses Einschleichdiebstahls saß er eine Gefängnisstrafe ab.

Nachdem Fischer und Steingruber am gleichen Tag den Gang in die Freiheit antreten durften, verstand es sich von selbst, daß Fischer seinen neuen Kumpel mit nach Hause nahm. Noch in ihrer gemeinsamen Zelle verabredeten sie sich, künftig gemeinsame Sache zu machen. Eine unheilvolle Allianz war geschmiedet. Steingruber fand es sehr passend, durch diese unverhoffte Bleibe eine Möglichkeit zu bekommen, von ihr aus seinen kriminellen Neigungen nachgehen zu können.

Als Fischer und Steingruber nach Gröben „heimkehrten“, stand ein Empfangskomitee bereit, dessen Mitglieder zusammen einige Dezennien Knast auf dem Buckel hatten. Zwischen den Gaunern ergab sich ein stillschweigendes Bündnis miteinander und untereinander, wobei Fischer der Kopf dieses verbrecherischen Komplottes wurde.

Unter den anwesenden, übel beleumdeten Männern befand sich ein Handwerksbursche aus Neu-Ullendorf bei Mähren, der durch einen großen Höcker körperlich verunstaltet war. Nach seinem Namen befragt, entgegnete er: „Sagt einfach Buckliger zu mir, so nennen mich alle Leute.“ Niemand im Hause Fischer wollte von da an noch wissen, wie er tatsächlich heiße. Der Bucklige betätigte sich fortan zur Zufriedenheit des Fischer als Kundschafter. Seine Dienste bekam er mit freier Kost und Logis belohnt. War ein Diebstahl in einem von ihm ausgewählten Objekt gelungen, gab es von Fischer einen Bonus in klingender Münze als Notgroschen für schlechte Zeiten.

Im Verlaufe der Zeit ließ der Bucklige einmal durchblicken, daß er Bader sei. Er schnitt den Mannsbildern die Haare und quacksalberte bei leichteren Erkrankungen und Verletzungen. Von nun an war er der bucklige Bader und wurde von allen aus der Verbrechergilde fortan so gerufen. Der bucklige Bader hielt seine Groschen fest zusammen. Das ärgerte den Steingruber maßlos. Er wollte sich ein paarmal etwas vom Bader leihen, dieser lehnte aber jedesmal ab. Er beschloß, dem Bader das Geld wegzunehmen. Während dieser schlief, zog Steingruber ihm den Geldbeutel aus dem Hosensack. Der Bestohlene merkte den Taschendiebstahl erst am anderen Tag und beschuldigte sofort den Steingruber als den Täter. Er drohte diesem, ihn anzuzeigen. Da sagte Steingruber in Anwesenheit von Fischer zum Buckligen: „Was brauchst Du buckliger Hund denn ein Geld? Du kannst Dir damit nicht einmal eine Hure kaufen. So gräßlich, wie Du ausschaust, mag Dich auch mit Geld keine." Der Bader war durch diese Rede bis ins Mark getroffen. Er strafte den Steingruber nur noch mit Verachtung.

Bader hatte dem Fischer erklärt, er müsse nach Dingolfing hinein, ein paar persönliche Dinge kaufen. Das alarmierte den Steingruber, denn da hätte der Bader die beste Möglichkeit, ihn bei der Gendarmerie zu verpfeifen. Das durfte nicht sein. Steingruber beschloß deshalb, den „Hundskrüppel" aus dem Wege zu räumen. Er unterbreitete sein Vorhaben dem Fischer. „Du, Rupert, wenn der Bucklige mich anzeigt, kommen die Gendarmen ins Haus, und dann finden's einiges, was ausreichen wird, uns alle einzubuchten. War's nöd g'scheiter, wir bringen ihn um?" Fischer blickte dem Steingruber ungläubig ins Gesicht. „Is dös ernst, wos'd g'sagt host?" „G'wiß. Ich mach's selber, kannst mir dabei helfen, ihn zu vergraben."

Am darauffolgenden, nicht mehr genau bestimmbaren Sonntag zwischen Ende Juli und Mitte August 1922 saß der bucklige Bader frühmorgens in der Wohnstube und aß seine Morgensuppe, die er sich selber zubereitet hatte. Fischers Frau Mathilde war nicht mehr bereit gewesen, für die Nichtsnutze, die zu mehreren ständig das Haus belagerten, zu kochen. Fischer und Steingruber begegneten sich im Hausgang. Da sagte Fischer: „Ich geh auffi auf'n Dachbod'n. Für Dich war's jetzt die günstige Gelegenheit, wenn'st mit'm Bader was vorhast." Steingruber verstand den Wink mit dem Zaunpfahl, und er wußte, Fischer war damit einverstanden, den Buckligen zu beseitigen.

Vor einiger Zeit hatte Steingruber in der Decke der Wohnstube ein etwas größeres Loch entdeckt, durch das man hindurchsehen konnte. Daran erinnerte er sich. Er stieg die Treppe hoch, ging an die Stelle, wo das Bodenloch war und sah nach unten. Ganz genau war der Bader in seinem Blickfeld. Vorsichtig glitt der Pistolenlauf in das Loch hinein, Steingruber hatte den Finger am Abzug. Dreimal knallte es, ein fürchterlicher Schrei war zu hören. Steingruber ging hinunter in die Wohnstube und sah den Buckligen auf dem Boden liegen, weinend und jammernd. „Laßt mich leben, ich hab' doch nichts gemacht", wimmerte er den Steingruber an. Plötzlich stand Fischer in der Türe, eine Pistole in der Hand. „Ich kann den Bader nimmer erschießen", entschied sich Steingruber und forderte Fischer auf: „Tus Du." Fischer zielte von hinten auf den Bader und schoß. Die Kugel drang in den Hinterkopf ein, der Schuß war absolut tödlich. Steingruber deutete auf den Getöteten: „Da liegt er jetzt, kann immer schlafen, der Sauhund." Die beiden Mordbuben schafften die Leiche aus dem Haus und vergruben sie unter der Stadeltenne. Wer von nun an nach dem Buckligen fragte, bekam zu hören, daß dieser wieder auf die Walz (Wanderschaft) gegangen sei.

In der Nacht vom 28. auf 29. März 1923 begingen Fischer, Steingruber und der Artist und Taglöhner Zisterer Franz, letzterer aus Loiching/Oberkirchberg, gemeinschaftlich einen bewaffneten Raub beim Bauern Lorenz Strohmeier in Gschaid. Die Tat blieb zunächst ungeklärt, fand aber ein paar Monate später eine überraschende Aufklärung, und auch der Mord an dem buckligen Bader kam ans Tageslicht. Davor geschah aber im Fischer'schen Anwesen in Gröben ein

weiterer Mord, diesmal verübt von Fischer und einem anderen Kumpanen. Das Mordopfer war Mathilde Fischer.
Am 15. Mai 1923 gegen Mittag kam der Taglöhner und Artist Zisterer zu Fischer nach Gröben. Er war in Begleitung eines jungen Mannes, den Fischer vorher noch nie gesehen hatte. Es war Andreas Hutterer aus Landshut und mit Zisterer eng befreundet. Die beiden hatten vor, aus dem Krankenhaus Dingolfing ein Bild zu stehlen, das am Eingang hinter der Pforte hing. Fischer und seine „Gäste" besprachen am Abend dieses Vorhaben. Fischer witterte für sich ein gutes Geschäft bei der Sache und stieg mit ein. Er wollte dafür sorgen, daß das Bild einen annehmbaren Preis erbringe, von dem er sich den größten Happen abzweigen würde. Um den Hutterer näher kennenzulernen, lud er ihn ein, die Nacht im Haus zu bleiben, weil es doch noch genug zu bereden gäbe. Fischer bewegte nämlich seit langem schon die Frage, wo er jemanden finden könnte, der ihm seine „Alte" aus dem Wege räumen würde. In Hutterer sah er den möglichen Helfer.
Mathilde Fischer war ihrem Mann unbequem geworden. Mit ihren ständigen Nörgeleien, das diebische Lumpenpack aus dem Haus zu treiben, und dem dauernden „Gebelfe", endlich davon abzulassen, dem „Mensch" in Frontenhausen weiterhin nachzustellen (gemeint war die Dienstmagd), hatte sie seinen Unwillen soweit geschürt, daß er beschloß, sich von ihr gewaltsam zu befreien. Fischer hatte mehrmals schon sein Anwesen verkauft und anderswo wieder eines erworben. Jetzt war er drauf und dran, in Gröben zu verkaufen. Dagegen stellte sich seine Frau. Sie hing sehr an Gröben, wollte keine Ortsveränderung mehr. Zu Lichtmeß 1923 sagte Mathilde Fischer zu einer Bekannten: „Wenn Rupert verkauft, dann sage ich etwas aus, daß er sein Leben lang nicht mehr herauskommt." Damit meinte sie, ein Geheimnis der Obrigkeit preiszugeben, wofür er für immer hinter Gitter verschwinden würde. Die Äußerung Mathildes wurde ihrem Mann zugetragen. Die Zeit war für ihn gekommen, sich ihrer für immer zu entledigen.
Der Bilderdiebstahl in Dingolfing war fehlgeschlagen. Als am Abend des 18. Mai alle übrigen im Hause anwesenden Personen zu Bett gegangen waren, blieben Fischer und Hutterer noch in der Wohnstube

sitzen. „Mit meiner Alten stimmt's nimmer", eröffnete Fischer ein Gespräch. „Mit leb'n im dauernden Unfrieden. Sie sagt, ich darf euch Lumpen und Streuner nicht länger beherbergen. Jetzt droht sie mir auch noch mit anzeigen." Nach einer kleinen Weile fuhr er fort: „Wenn ich nur einen wisset, der sie ‚durchität' (sie töten würde), ich zahlet den guat; wenn er sie mir nur wegräumen tät." Hutterer erwiderte: „Da wisset ich keinen, der so was machat." Wieder stockte die Unterhaltung eine Zeitlang, dann sagte Fischer: „Tät'st Du sie nöt ‚durchi'? Ich zahlet Dich guat." Und er fügte hinzu: „Am lieabst'n war's mir halt, wenn Du sie ‚durchität'st', weil da wisset ich, du bist verläßlich."

Hutterer erschrak. Er, der arbeitslose Anstreicher, sollte einen Mord begehen, eines anderen Weib umbringen? Ihm, der noch nicht einmal 19 Jahre alt war, trug einer, den er noch nicht einmal ganze drei Tage kannte, auf, gegen Geld seine Frau umzubringen. Eine Frau, mit der er noch kein Wort gesprochen hatte, die er nur vom Sehen kannte und die ihm eigentlich gefiel. Zwar kannte er sich trotz seines jugendlichen Alters schon gut im Metier der Diebe und Hehler aus, war auch schon im Gefängnis gewesen, da hatte er ab und zu aber nur ein kleines Ding gedreht gehabt. Hinterlistig und kaltblütig die Frau zu töten, diesen Schuh durfte er sich nicht anziehen lassen. Um Fischer hinzuhalten, ihn aber auch nicht zu enttäuschen, sagte er: „Ich hätt' nöd amol an Revolver, und ohne an solchen gangat's nöd." Fischer triumphierte innerlich. „Den hab' ich an der Angel. Der kimmt mir nimmer aus." Fischer ließ nun nicht mehr locker, bedrängte den Hutterer mit der erpresserischen Bemerkung: „Eigentlich könnt' ich Dich ohne weiteres ins Gefängnis bringen. Wenn'st ma nöd huifst, meine Alte zu erledigen, muaß ich mir dös glatt überleg'n. Huifst mir aber, brauchst nix befürcht'n."

Der labile junge Mensch bekam es mit der Angst zu tun. Ins Gefängnis wollte er nicht, andererseits betrachtete er sich Fischer gegenüber verpflichtet. Seit er in seinem Haus war, hatte es ihm an nichts mehr gemangelt. Fischer übergab dem Hutterer jene Selbstladepistole, die er ihm überlassen hatte, als dieser das Bild in Dingolfing hatte stehlen sollen. Mit der beiläufig hingeworfenen Bemerkung: „Wenn die Alte

Abb. 9: Rupert Fischer, geboren am 8. Juni 1889 in Willisberg, Gemeinde Mitterfeld

Abb. 10: Johan Ferdinand Steingruber, geboren am 24. Mai 1904 in Kleinmünchen bei Linz/Österreich

tot is', brauchst nur davonrennen, übern Weiher aufi ins Holz, und dich nicht erwischen laß'n", ging Fischer aus der Stube. Ehe er zu Bett ging, kehrte er nochmals zu Hutterer zurück und gab ihm ein Magazin, gefüllt mit fünf Patronen. „Beinah' hätt' ich's vergessen. Zum Schiaß'n brauchst eine Munition. Bring'ma dös Weibats um, krieagst dann scho Dei Geld."
Dieses war der letzte Anstoß gewesen, den Hutterer noch gebraucht hatte, die Tat auszuführen. „Gleich bei der nächsten sich bietenden Gelegenheit bring ich's hinter mich", beschloß Hutterer, ehe er sich auch aufs Ohr legte. 4 Uhr früh war es inzwischen, und ein paar Stunden Schlaf konnten nicht schaden. Um 7 Uhr betrat Hutterer bereits wieder die Wohnstube. Es war ihm nicht gelungen, richtig einzuschlafen. Sein aufgewühltes Gewissen hatte ihn nur vor sich hindösen lassen. Ihn drückte der Magen, die Nerven flatterten. Als er sich neben den Tisch auf eine Holzbank setzte und Fischers Frau ihm entgegen aller Erwartungen eine Holzschüssel mit kuhwarmer Milch vorsetzte, trat ihm Angstschweiß auf die Stirne. Mathilde Fischer setzte sich ihm gegenüber auf die andere Tischseite. Beide sahen sich an, und die Frau lächelte. Bevor sie miteinander reden konnten, traten nacheinander Fischer und sein sechsjähriger Sohn Rupert in den Raum. Der Bub setzte sich hinten hin auf die Ofenbank, Fischer drängelte sich zwischen seine Frau und Hutterer ans Kopfende des Tisches. Von da aus hatte er beide fest im Auge.
Hutterer hielt den Augenblick für gekommen, Mathilde Fischer zu erschießen. Ohne auf den Buben Rücksicht zu nehmen, zog er die Pistole aus der Joppe, zielte auf den Kopf von Mathilde und drückte ab. Die Frau mußte sich just in dem Moment, als Hutterer schoß, mit dem Körper nach links gedreht haben und im Begriffe gewesen sein, sich aufzurichten, denn die Kugel traf nicht auf den Kopf, sondern drang an der Verbindungsstelle zwischen Schlüsselbein und Brustbein in den Körper ein, durchbohrte die rechte Halsschlagader und die Luftröhre, nahm von da aus in schräger, absteigender Richtung seinen Weg durch die dritte linke Rippe und trat am inneren Rand an der linken Schulterblattgräte wieder aus. Mathilde Fischer verblutete und erstickte. Blut war in die Luftröhre eingesickert.

Hutterer lief nach der Tat in Richtung gegen einen Wald, vorbei am nahen Weiher. Eine Zeugin hatte später ausgesagt, ihn hier gesehen zu haben, wie er davonhetzte, als seien hundert Hunde hinter ihm her. Unterwegs verstreute er Pfeffer, den ihm Fischer mitgab. „Da finden die Polizeihunde keine Spur von Dir, wenn sie der Pfeffer in der Nase brennt", rief Fischer dem Davoneilenden hinterher.

Fischer hatte, auf seine eigene Absicherung bedacht, am Tag vor dem Mord an seiner Frau herumerzählt, er habe einen Handwerksburschen aufgenommen, der gesundheitlich schlecht beieinander sei und wahrscheinlich einen Doktor brauche. „Wenns morgen nicht besser ist, werd' ich einen holen müssen", meinte er zu einer Bekannten. Dieser Redensart dachte er eine Alibifunktion zu, denn der Handwerksbursche hatte dann auch herhalten müssen, der Mörder seiner Frau gewesen zu sein. Nach Begehung der Tat verwies Fischer auf diesen Mann, der schnell davonlief, als er geschossen hatte, und ihm, Fischer, sei es nicht gelungen, den „verruchten Hund" einzuholen. Niemand hatte dem Fischer dieses Ammenmärchen abgenommen. Auf ihn fiel sofort der Mordverdacht, da landauf und landab bekannt war, daß die Fischers aufeinander losgehen wie Hund und Katz'. Trotz dieses aufkeimenden Tatverdachts erwog die Staatsanwaltschaft Landshut zunächst nicht, ein Verfahren gegen Fischer einzuleiten. Erst sollte der Handwerksbursche gefunden werden, nach dem fieberhaft gefahndet wurde.

Inzwischen hatte die Gendarmerie den Raub vom 28. auf 29. März in Gschaid aufgeklärt und als Täter und Mittäter Fischer, Steingruber und Zisterer ermittelt. Alle drei wurden am 2. Juni 1923 festgenommen. Im Verlauf seiner Vernehmung sagte Zisterer zum Staatsanwalt: „Schaut's euch um den Hutterer Anderl von Landshut um und fragt's ihn, wer d'Fischerin erschossen hat." Gendarmeriebeamte gingen sogleich auf die Suche nach Hutterer und trafen ihn im Bahnhofsbereich an, wo er sich unter einigen Stromern aufhielt. Er kam zunächst wegen verbotenen Herumlungerns in Polizeigewahrsam, seine eingehende Vernehmung wurde noch zurückgestellt, bis von Zisterer weitere Einzelheiten ausgeforscht waren. Von diesem kam dann der entscheidende Hinweis auf Hutterers Täterschaft am Mord.

Abb. 11: Andreas Hutterer, geboren am 12. September 1904 in Landshut

N i e d e r s c h r i f t

über die Probe der Fallschwertmaschine, vorgenommen im Strafvollstreckungsgefängnis Stadelheim am 19.Juli 1924.

Anwesend :

I.Staatsanwalt Friedrich,
Amtmann Schulze als Vertreter des Landbauamts,
Nachrichter Reichhart,Johann,
I.Nachrichtergehilfe Huber Alois,
2.Nachrichtergehilfe Donderer Josef,
Protokollführerin Seibert.

In Anwesenheit der Vorgenannten wurden die Kiste, welche die Fallschwertmaschine enthält und die beiden Messerkästen geöffnet. Die Fallschwertmaschine samt Zubehör mit Messern befand sich in den Kisten vollständig und unversehrt vor. Hierauf wurde die Fallschwertmaschine an den Block angeschraubt, ein Messer eingesetzt und von Nachrichter Reichhart eine zweimalige Probe vorgenommen. Die Probe ergab ein vollständig richtiges und zuverlässiges Funktionieren der Maschine.

Sodann wurde die Maschine wieder auseinandergenommen und samt den Messern in die Kisten verpackt. Die Kisten selbst samt den Messerkästen versperrt. Die Schlüssel nahm I.Staatsanwalt Friedrich an sich.

v.g.u.u.

Friedrich I.St.A.
Schulze
Johan Reichhart
Alois Huber
J.Donderer
Seibert

Abb. 12: Damit alles klappt, wurde am 19. Juli 1924 die Fallschwertmaschine ausprobiert.

Nunmehr saßen alle in Untersuchungshaft, denen schwerste Verbrechen zur Last lagen. Fischer und Steingruber hatten im Gefängnis gestritten. Steingruber wurde jähzornig und schrie Fischer an: „Du Drecksau, jetzt red' ich. Du sollst mich kennenlernen." Ein Gefängnisbeamter, der dieses mithörte, teilte seine Kenntnis dem Gefängnisoberverwalter mit, und dieser instruierte die Staatsanwaltschaft. Steingruber, daraufhin in ein strenges Verhör genommen, gestand den Mord an dem buckligen Bader in gemeinsamer Täterschaft mit Fischer. Schließlich nutzte es Fischer nichts zu leugnen, Steingrubers Aussage war zu eindeutig gewesen. Schließlich gab er zu, dem Bader in den Hinterkopf geschossen zu haben.

Die Leiche wurde ausgegraben und anhand von noch vorhandenen Papieren identifiziert. Der Getötete hieß Franz Langer und war aus Neu-Ullendorf bei Mähren. Seine sterblichen Überreste erhielt eine anatomische Anstalt.

Hutterer hatte einen Selbstmordversuch unternommen. Sein Gewissen plagte ihn Tag und Nacht, und letztendlich hielt er es dann nicht mehr durch: Er legte zum Mordfall Mathilde Fischer ein umfassendes Geständnis ab, dem der an der Tat mitbeteiligte Ehemann nichts hinzuzufügen hatte.

Rupert Fischer und Andreas Hutterer wurden des gemeinschaftlich begangenen Mordes an Mathilde Fischer für schuldig befunden. Die Strafkammer beim Landgericht Landshut verurteilte beide am 25. März 1924 zum Tode. Rupert Fischer und Johann Ferdinand Steingruber wurden wegen des gemeinschaftlich begangenen Mordes an dem Bader Franz Langer am 13. Mai 1924 zum Tode verurteilt. Steingruber erhielt zusätzlich wegen eines Verbrechens des schweren Diebstahls, sachlich zusammenhängend mit einem Verbrechen des Versuchs zu einem Verbrechen der räuberischen Erpressung, eine Gesamtzuchthausstrafe von acht Jahren, welche auch Franz Zisterer vom Gericht zudiktiert bekam. Die von den Verurteilten eingelegten Revisionen wurden vom Reichsgericht in Leipzig als unbegründet zurückgewiesen, der Ministerrat des Freistaates Bayern versagte den Todeskandidaten eine Begnadigung. Fischer und Hutterer wurden am 24. Juli 1924 im Hof des Landgerichtsgefängnisses in Landshut durch das Fallbeil hingerichtet. Da alles seinen geordneten Verlauf zu nehmen hatte, erließ der I. Staatsanwalt beim Landgericht für den Hinrichtungsort die folgende Anordnung:

1. *Die Todesstrafe wird zuerst an Fischer und dann an Hutterer vollstreckt.*
2. *Der Zug zum letzten Gang jedes der Verurteilten wird von einem durch den Gefängnisoberverwalter zu bestimmenden Gefängnisbeamten eröffnet, dann folgen zwei Gendarmeriebeamte, diesen der Enthauptende mit den Gehilfen des Nachrichters und schließlich wieder zwei Gendarmeriebeamte.*
3. *Der Zug bewegt sich von der Zelle aus über die Treppe des südlichen Flügels und durch den Spazierhof in den Arbeitshof bis zur Mitte der Arbeitshalle. Hier wird dem Verurteilten durch den Gerichtsschreiber der entscheidende Teil des Urteils vorgelesen, worauf der Geistliche mit ihm ein kurzes Gebet verrichtet. Sodann werden dem Verurteilten von den Gehilfen des Nachrichters auf ein von mir gegebenes Zeichen die Augen verbunden und er aufs Schafott geführt.*
4. *Schon bei der Abholung des Verurteilten hat ein weiterer Gefängnisbeamter bei der Glocke Aufstellung zu nehmen, um sie zu läuten. Das Läuten hat sofort zu beginnen, sobald der Geistliche sein Gebet beendet hat, und solange zu dauern, bis das Haupt vom Rumpfe getrennt ist. (Hier sei angemerkt, daß zwischen der Richtstätte und dem „Glöckner" Sichtkontakt bestand.) Mit der Vorführung des Hutterer ist solange zu warten, bis ich hierzu die Anordnung gebe. Der letzte Gang des Hutterer vollzieht sich in der gleichen Weise wie bei Fischer.*

Johann Ferdinand Steingruber wurde am 6. August 1924 um 6.30 Uhr an gleicher Stelle wie Fischer und Hutterer hingerichtet. Die drei Leichen wurden der Anatomie überlassen.

9. KOMMISSAR ZUFALL

Thannöd, Bezirksamt Pfarrkirchen

Landkreis Rottal-Inn, Niederbayern

Josef Eder, Bauer in Thannöd, Gemeinde Lengsham, Bezirksamt Pfarrkirchen, war bereit zum Kirchgang nach Triftern. Wie an allen Sonntagen hatte er sich seinen Sieben-Tage-Bart mit dem Rasiermesser abgeschabt und das Sonntagsgewand angezogen. Eine dicke Überjoppe und ausgepolsterte Ohrenschützer unter dem Hut vervollständigten seinen Habit. Bereits seit geraumer Zeit begleitete ihn seine 54jährige Ehefrau Kreszenz nicht mehr auf dem dreieinhalb Kilometer langen Weg zur Pfarrkirche. Sie kränkelte und hätte körperlich die Strapazen nicht mehr durchgestanden, zumal in der winterlichen Jahreszeit das Gehen im knöcheltiefen Schnee und bei klirrender Kälte eine gute Konstitution verlangte. Josef war um die Gesundheit seiner Frau sehr besorgt und hatte sich vorgenommen, alsbald einen Doktor ins Haus zu rufen.

Die Eheleute Eder waren kinderlos und hatten eine Pflegetochter angenommen. Das Mädchen hieß Hermine Bloch, war inzwischen 19 Jahre alt und mit der Bäuerin um etliche Ecken herum verwandt. Das Mädel wurde gehalten wie ein eigenes Kind, durfte zu den Eders Vater und Mutter sagen. Zu dritt wohnten sie ziemlich weit ab von dem damals 84 Einwohner und 17 Wohngebäude zählenden Ort, nur in engerer Verbindung mit den Nachbarn in den 150 Meter und 200 Meter weit entfernten Höfen. Mina, wie sie mit Kurznamen gerufen wurde, ging nun stellvertretend für die Kreszenz an der Seite ihres Vaters zum sonntäglichen Gottesdienst.

Bevor die beiden die Wohnstube verließen, langte der Bauer mit dem rechten Zeigefinger und dem Mittelfinger in einen kleinen Emailkessel, der an einem Nagel an der Wand neben dem Türstock hing. Mit den benetzten Fingern sprühte er Weihwasser in Richtung seiner Frau, die hüstelnd auf dem Kanapee saß. „Gelobt sei Jesus Christus", flüstere sie kaum hörbar und schlug das Kreuzzeichen, „in alle Ewigkeit Amen“, antwortete darauf der Mann. Dann gingen er und Mina aus dem Haus.

Die Zeit war knapp, Eder wollte nicht zu spät in die Kirche kommen. Weitausholend schritt er voraus, der Schnee knirschte unter dem festen Tritt seiner genagelten Stiefel. Die Mina hatte zu tun, um mit ihm mithalten zu können. Mehrmals rief sie dem Bauern zu: „Renn doch nöd so, ich komm' ja nimmer mit!“ Das große wollene Kopftuch um Schultern und Kopf gewunden, stolperte sie mehr als sie ging hinterdrein.

Als die zwei Einödler vor der Kirche ankamen, steckten die bereits anwesenden Leute die Köpfe zusammen und tuschelten miteinander. Gar zu gerne dichteten sie dem 46jährigen Bauern und der 19 Jahre alten Ziehtochter ungerechtfertigt ein Verhältnis an. Allesamt wußten darum, daß die Kreszenz eine schwerkranke Frau, der Josef aber ein kraftstrotzendes Mannsbild war.

Nachdem der Bauer und Mina fort waren, schloß Kreszenz Eder die Haustüre ab. Jedesmal, wenn sie allein im Hause war, schlich sich eine beklemmende Angst bei ihr ein. Viele undurchsichtige Gesellen trieben sich in der Gegend umher, denen man besser nicht begegnete. Immer öfter wurde eingebrochen und gestohlen, insbesondere in den Zeiten, wo Hausbewohner abwesend waren und ihren Christenpflichten nachkamen. In Schränken und Tischschubladen im Schlafzimmer bewahrten die Eders viel Geld auf, da tat man gut daran, vor Diebsgesindel auf der Hut zu sein. Erst vor kurzem wollte sich ein Fremder gewaltsam Zutritt ins Haus verschaffen, zwei aufmerksame Hofhunde verbellten ihn aber so heftig und anhaltend, daß er schnellstens in Richtung des Waldes weglief, zu dem es vom Anwesen aus nur 120 Schritte waren.

Da der Bauer den Zugang ins Haus vom Stall her verriegelt hatte, bevor er zum Gottesdienst ging, durfte sich die Bäuerin nach dem Verschließen der Haustüre sicher fühlen, weil sie auch noch die beiden Hunde zu ihrem Schutz in die Wohnstube geholt hatte.

Nach dem Ende des Gottesdienstes verweilte Josef Eder noch auf ein Geschäft mit dem Viehhändler. Die Mina aber machte sich auf den direkten Heimweg. Gegen 10 Uhr kam sie zu Hause an, fand die

Haustüre verschlossen, und auf ihr Rufen meldete sich die Bäuerin nicht. Anfänglich glaubte Mina, die Mutter habe sich ins Bett gelegt und wie schon öfter die Stalltüre aufgemacht, um es dem Bauern und ihr zu ermöglichen, ins Haus zu kommen. Die Stalltüre war offen. Als Mina in die Wohnstube eintrat, sah sie zahlreiche Blutspuren. „Die Mutter wird doch nicht schon wieder Blutbrechen gehabt haben?" erschrak das Mädchen und eilte die Stiege hinauf ins Schlafzimmer der Kreszenz, wo diese in einer großen Blutlache lag. Sie war tot.
Hermine Bloch rannte vor das Haus und schlug Blechgeschirr gegeneinander, um die Nachbarn auf sich aufmerksam zu machen. Der Bauer Weggartner hörte das Lärmen und lief zu dem Mädchen. Im selben Augenblick traf Eder in seinem Anwesen ein. Wie gehetzt folgte er der Mina hinauf ins eheliche Schlafgemach. Tieferschüttert stand er vor der von ihm geliebten Frau, sah in ihr wächsernes Gesicht und stellte fest, daß sie brutal hingemordet worden war. Die durchwühlten Schränke und offenstehenden Tischschubladen sagten ihm, daß sie der noch unbekannte Täter auch beraubt hatte. Eder ersuchte seinen Nachbarn, die Gendarmerie in Triftern zu verständigen.
Am Tatort rekonstruierten die Gendarmeriebeamten: Der Täter war vom Stadel her in den Stall und von dort aus in die Wohnstube gekommen. Das Stadeltor hatte sich von außen öffnen lassen, es brauchte nur der Riegel weggeschoben zu werden. Die Stalltüre war mit einer Arbe, einem schmiedeeisernen Türbeschlag, in dem ein Eisenstift als Verschluß diente, zugehängt. Der Eindringling hatte um die Arbe herum das Holz mit sieben Löchern ausgebohrt, und danach ging die Türe auf.
Die Bäuerin war offensichtlich mit der Herstellung eines Nudelteigs beschäftigt gewesen. Alle nötigen Arbeitsgeräte und Zutaten lagen noch auf dem Tisch. Als der Täter überraschend in die Wohnstube kam, hatte die Frau aller Wahrscheinlichkeit nach die Hunde auf ihn gehetzt. Der Fremdling stach auf die Tiere ein und verletzte einen Hund mit einem langgezogenen Schnitt schwer an der Kehle. Das am Boden vorgefundene Blut stammte von diesem Hund. Er hatte sich in die hinterste Ecke der Ofenbank verkrochen, das andere Tier lag

verängstigt neben ihm. Im Schlafzimmer über dem Stiegenaufgang war die Tat geschehen. Vier Messerstiche wies die neben dem Bett liegende Leiche auf.

Nahe bei der Haustür beim Hausgang lag das Kopftuch der Getöteten, welches sie stets getragen hatte. Das schloß darauf, daß die Bäuerin den Versuch unternommen hatte, dem Täter ins Freie zu entkommen.

Dem Verbrecher waren in die Hände gefallen: vier Tausender, 15 Hunderter, der Rest in Fünfzig- und Zwanzigmarkscheinen, 350 Mark in Gold, Zehn- und Zwanzigmarkstücken und 40 Mark in Silber. Insgesamt eine Summe von 15 000 Mark. Der Tat verdächtigt wurde der 40 Jahre alte Schreiner Johann Schwarz aus München. Dieser, ein bekannter Schleichhändler, war in Thannöd bestens bekannt. Er kam seit längerem mindestens einmal die Woche, manches Mal sogar öfter in den Ort und zu den Eders. Diese verkauften ihm Butter, Schmalz, Geselchtes, Brot, Eier und Geflügel zu überhöhten Preisen, und Schwarz setzte die Lebensmittel in München auf dem Schwarzen Markt gewinnbringend ab. Vom Anwesen Eder weg, auf der Asamer Straße dem Wald zu, entdeckten ermittelnde Beamte im Schnee Abdrücke von gerippten Schuhsohlen. Der Schreiner Schwarz hatte einige Male Schuhe mit solchen Sohlen an, wenn er auf Hamstertour war. Mina sagte dies den Gendarmen.

Am Sonntag, dem 30. Januar 1921, war Hermine nicht zum Gottesdienst gegangen. Sie war daheim geblieben, um der bettlägerigen Bäuerin beizustehen, falls sie wieder einen Blutsturz haben sollte. Akkurat zur Gottesdienstzeit kam Schwarz ins Haus. Als Mina ihm sagte, daß die Mutter krank im Bett liege, bedrängte der Mann das Mädel, führte zweideutige Reden und versprach ihm, jeden Wunsch zu erfüllen, wenn es sich ihm hingebe. Zufällig bekam die Mina Besuch von einer Freundin aus der Nachbarschaft, und Schwarz konnte sein schmutziges Vorhaben nicht ausführen. Am Freitag, dem 4. Februar und zwei Tage vor der Mordtat, tauchte Schwarz am Vormittag schon wieder im Hause Eder auf. Er hatte herausgefunden, daß der Bauer nicht daheim sei und auch nicht so schnell zurückkommen werde. Daß die Bäuerin nach wie vor kränklich war und die meiste

Zeit im Bett zubrachte, kam seiner Absicht, bei der Mina endlich zu erreichen, was er wollte, sehr entgegen. Die Gunst der Stunde wollte er nutzen, selbst wenn er gewalttätig werden müßte. Schwarz ging gleich aufs Ganze. Mina wehrte sich mit aller Kraft gegen den Wüstling und widersetzte sich lautstark seinen Wünschen. Kreszenz Eder hörte von der Wohnstube hinauf in ihre Schlafkammer laute Stimmen und ein Gepoltere. Sie verließ ihr Bett und ging nachsehen, was unten los sei. Gerade noch im rechten Moment war sie gekommen, Schwarz hatte die Mina bereits gewaltsam aufs Kanapee gedrückt.
Diese für die Ermittlungsbeamten noch unbekannten Tatsachen bestärkten den Verdacht der Täterschaft gegen Schwarz. Die Fahndung nach ihm lief an. Am späten Nachmittag teilte die Polizeidirektion München der Gendarmerie in Triftern bereits mit, daß Schwarz als Täter ausscheide, er besitze ein einwandfreies Alibi für die Tatzeit. Der Mann habe mit Bekannten seit Samstag, dem 5. Februar, in seiner Wohnung zugebracht und diese zu keiner Zeit mehr verlassen. Was für eine Enttäuschung für die Beamten der Gendarmeriestation Triftern.
Am Montag, dem 7. Februar 1921, fiel Leo Günzer, Wachtmeister der Münchner Schutzmannschaft – Abteilung „Englischer Garten" – bei seinem Streifengang ein Mann in verdächtiger Weise auf. Gegen dreiviertel 11 Uhr mittags sah er in den Anlagen der Hirschau, nahe beim Aumeister und abseits des Weges, wie dieser sich auffallend abmühte, an einem Gebüsch mit den Händen ein Loch in die Erde zu graben. Von Berufs wegen neugierig und skeptisch, wollte er es genau wissen, was der Mensch trieb. Nach intensiver Beobachtung entdeckte er, daß der Mann in das Loch etwas hineinsteckte und es schnell mit dem Häuflein ausgebuddelter Erde wieder zumachte. Sich nach allen Seiten umsehend, entfernte sich der Mann eilenden Schrittes in Richtung Innenstadt.
Als er außer Sichtweite war, suchte Wachtmeister Günzer danach, was vergraben wurde. Ungläubiges Staunen lag auf seinem Gesicht, als er einen Geldschatz vor sich hatte. Fast 15 000 Mark in Tausender- und Hunderternoten, in Fünfzig- und Zwanzigmarkscheinen, sowie Gold- und Silbermarkstücke hielt er in den Händen. Er tat das Geld wieder in das Versteck zurück und gab Erde darüber.

Dem Polizeibeamten erschien eine Verfolgung des Mannes nicht erfolgversprechend. Zu groß war dessen Vorsprung. „Ich muß ihn abpassen, wenn er sein Geld holt, und dann stellen“, überlegte er. „Dann darf mich der Mensch nicht erkennen, daß ich Polizist bin.“ Günzer hatte gelernt, daß der Täter den Tatort wieder aufsucht, und folgerichtig rechnete er damit, daß dieses alsbald geschehen werde. Er ging in die Gastwirtschaft zum Aumeister, borgte sich vom Wirt Zivilkleidung aus und gab sich auf die Lauer. Die Rechnung ging auf. Schon kurz vor 12 Uhr kam der Mann tatsächlich, und als er nach dem Geld sah, trat Wachtmeister Günzer auf ihn zu. Durch Vorzeigen des Dienstausweises gab er sich als Polizeibeamter zu erkennen, verlangte von dem inzwischen einer Straftat Verdächtigten Angaben zur Person und notierte: Franz Gerauer, geboren am 11. Mai 1886 in Oberindling, Bezirksamt Griesbach/Rottal, Chauffeur bei Aichmann in der Ungererstraße 92/11 in München.
Gefragt, woher er das Geld habe, antwortete Gerauer, dieses sei sein Verdienst aus allerlei Geschäften, die er betreibe. Unter anderem handle er auch mit Gold und Silber. Auf dem Weg zur Polizeistation in der Feilitzschstraße unternahm der Festgenommene einen Selbstmordversuch. Auf der Mandlbrücke sprang er über das Geländer in den Schwabingerbach. Da er an den Händen gefesselt war, hätte er sich selbst nicht mehr retten können. Wachtmeister Günzer holte ihn sofort wieder heraus. Mit dem Suizidversuch war es Gerauer ernst gewesen, er wollte sich tatsächlich ertränken. Kurz darauf gestand Gerauer, der Raubmörder von Thannöd bei Triftern zu sein.
Franz Gerauer war vorbestraft. Als er im Dezember 1919 eine Strafe wegen zweier schwerer Diebstähle verbüßt hatte, fand er in der Folgezeit keine Arbeit mehr. Er wurde arbeitslos und mußte fortan mit einer geringen Arbeitslosenunterstützung seinen Lebensunterhalt bestreiten. Zuletzt bekam er 10 Mark Stütze für den Tag. Sein Schuldenberg wuchs ihm bis über beide Ohren hinaus. Als Gerauer nicht mehr ein noch aus wußte, wandte er sich an seinen Bruder Josef. Dieser griff ihm mit einem Darlehen von 1200 Mark unter die Arme. Als Josefs Ehefrau von der heimtückischen Machenschaft ihres Mannes erfuhr, verlangte sie die sofortige Rückzahlung des gesamten Be-

trages. Franz hatte das Geld fast aufgebraucht und konnte nichts zurückgeben. In die Enge getrieben, sah er keinen anderen Ausweg aus der mißlichen Lage als den, sich Geld zu beschaffen. Und er wußte auch gleich woher.

Im Sommer 1920 hatte ihn einmal sein früherer Arbeitskumpel Josef Schmidbauer aus der Nymphenburger Straße mit nach Thannöd genommen. Seine Stieftochter lebte dort im Hause der Bauersleute Eder. Die Hermine erwähnte damals so nebenbei, daß im Hause Eder eine Menge „Zaster" vorhanden sei. Daran erinnerte sich Gerauer.

Am Samstag, dem 5. Februar 1921, setzte sich Franz Gerauer nachmittags um 3 Uhr am Hauptbahnhof in München in den Zug und fuhr nach Pfarrkirchen. Die Fahrkarte kostete etwas mehr als 14 Mark, und für eine Übernachtung in einer Bauernwirtschaft reichte sein momentanes Barvermögen gerade noch aus.

In Pfarrkirchen mietete er ein Zimmer. Gerauer verließ am nächsten Morgen zeitig sein Quartier und ging auf der Hauptstraße über Anzenkirchen nach Thannöd. Dort kam er gegen 7 Uhr früh an. Keine Menschenseele war ihm unterwegs begegnet, was er günstig für sich registrierte. Im 80 bis 100 Meter dem Anwesen Eder gegenüberliegenden Hochwald bezog er Beobachtungsposition. Er hatte richtigerweise angenommen, daß die Hausbewohner am Sonntag gemeinsam zur Kirche gehen, so wie ihm dieses aus seinen Kindertagen erinnerlich war. Selbst in einem Dorf aufgewachsen, kannte er die Gepflogenheiten der Landbevölkerung.

Nach einer guten Stunde des Zuwartens bewegte sich im Hause Eder etwas. Zwei Personen gingen vom Hof weg in Richtung Triftern. Er konnte nicht erkennen, wer die Frau mit dem großen Schultertuch war, das sie auch über den Kopf geschlungen hatte. Insgeheim hoffte Gerauer, die Bäuerin möge zu Hause geblieben sein, denn von ihr würde er am ehesten Geld herauspressen können. Einige Minuten ließ er noch verstreichen, dann schlich er sich an den Hof heran. Nachdem er die Straße überquert und auf einer Wiese eine kurze Strecke zurückgelegt hatte, erreichte er eine Holzlege, von der aus er in den Stadel gelangen konnte. An der von dort in den Stall führenden Türe bohrte er um einen schmiedeeisernen Türbeschlag her-

um sieben Löcher, dann öffnete sich die Türe von selber. Der Weg ins Haus war frei.
Nun schilderte Gerauer die Vorkommnisse so, wie die Beamten ermittelt hatten. Nachdem er auf die Hunde eingestochen hatte, forderte Gerauer von der Bäuerin: „Geld will ich haben. Raus damit.“ Die Frau zögerte nicht. „Das Geld ist oben in der Schlafkammer. Gehen wir hinauf“, sagte sie und trat in den Hausgang hinaus. Dort unternahm sie den Versuch, die Haustüre aufzuschließen und zu entkommen. Gerauer riß sie von der Türe zurück, dabei verlor sie ihr Kopftuch im Hausgang.
Kreszenz Eder ging über die Stiegentreppe voraus zur Schlafkammer. Ihr Peiniger folgte mit gezücktem Messer. Noch bevor sie die Kammer betrat, sagte sie den verhängnisvollen Satz: „Jetzt kenn’ ich Dich, was Du für einer bist.“ Sie bekundete damit, zu wissen, wer er sei. Nach seinen eigenen Aussagen hatte sich Gerauer zunächst vorgenommen, die Bäuerin zu knebeln, falls diese sich weigern sollte, ihm Geld zu geben, oder um Hilfe schrie. Danach wollte er sie hilflos zurücklassen. Als die Frau jedoch sagte, sie kenne ihn, bekam er es mit der Angst zu tun, enttarnt zu werden. Er beschloß deshalb, die Bäuerin unter allen Umständen ums Leben zu bringen. Er mordete mit Überlegung und um die von ihm begangene Raubtat zu verdecken. Dabei hatte sich die Bäuerin lange verzweifelt gewehrt und um Hilfe gerufen.
In weniger als einer halben Stunde beging Gerauer das grausige Verbrechen. Bereits um 9 Uhr verließ er schon wieder das Anwesen und ging auf der Straße nach Birnbach, wo er um 10 Uhr ankam und in den aus Richtung Pocking einfahrenden Zug stieg. Über Neumarkt-St. Veit und Mühldorf erreichte er abends den Ostbahnhof in München. Von dort zu seinem Domizil in Schwabing benutzte er die Trambahn. Daheim wechselte er den Hemdkragen – einen weichen, leinernen Samtkragen –, nahm die nächstmögliche Tram zum Stachus und ging in den Matthäser in der Bayerstraße. Seelenruhig aß er zu Abend und trank dazu zwei Maß Bier. Das geraubte Geld hatte er die ganze Zeit mit sich herumgetragen. In einer Tüte verstaut, legte er es unter das Kopfkissen und schlief darauf nach eigener Darstel-

Abb. 13: Franz Gerauer, geboren am 11. Mai 1886 in Oberindling

Passau 9. Mai 1921.

III. Bataillon
des 20. Inft. Regt. in Passau.

Betreff.
Vollzug der Todesstrafe
an Franz Gerauer

Auf Befehl des Kommandeurs des III. Bataillons begab sich heute Morgens gegen 4½ Uhr der Hauptmann Weikard der 11. Compagnie mit einem Zug von 10 Schützen in den Hof des Landgerichtsgefängnisses in Passau.

Dort wurde dem Befehlshaber von dem I. Staatsanwalt Dr. Schneider in Passau der zum Tode verurteilte Kraftwagenführer Franz Gerauer von München, der sich in Begleitung des katholischen Geistlichen, des Kapuzinerpaters Fidelius befand zur Vollstreckung des Urteils übergeben.

Der Verurteilte wurde sodann zum Richtplatz geführt und ihm dort von dem Befehlshaber die vollstreckbare Ausfertigung des Urteils des Volksgerichts Passau vom 22. April 1921 verlesen.

Auf ein Zeichen des Befehlshabers wurde hierauf auf 5 Schritt Entfernung eine Salve abgegeben.

Der anwesende Landgerichtsarzt Dr. Kufner in Passau hat den sofort eingetretenen Tod des Verurteilten festgestellt. (4 Uhr 36 Minuten)

Der Vollstreckung wohnte als Mitglied des Volksgerichts, Oberlandesgerichtsrat Kempfler bei, ferner der Verteidiger des Verurteilten, Dr. Seitz, RA. in Passau.

Weikard Kempfler [illegible]

Abb. 14: Ein Protokoll hielt die Erschießung von Franz Gerauer genau fest.

lung den Schlaf eines Gerechten. Noch drückte ihn das Gewissen nicht. Die furchtbare Tat hatte er hingenommen wie ein normales Tagesgeschehen.
Am Montag, dem 7. Februar 1921, stand Gerauer um 9 Uhr vormittags auf, besuchte seinen leiblichen Vater in der Ungererstraße und trank bei ihm Kaffee. Da überkam ihn plötzlich die Furcht, irgendwer könnte ihn beim Weggehen vom Eder-Anwesen gesehen haben. Das würde nicht ausgeschlossen haben, daß ihn die Polizei suchte. Um im Falle einer Festnahme keinen größeren Geldbetrag bei sich oder in der Wohnung zu haben, ging er in den Englischen Garten und vergrub dort das Geld. Noch auf halbem Wege in die Innenstadt bereute er bereits, dies getan zu haben, kehrte um und wurde dann vom Wachtmeister Günzer gestellt.
Das umfassende Geständnis des Franz Gerauer hatte bei der Gendarmerie in Triftern eingeschlagen wie eine Bombe. Zu keiner Sekunde der Ermittlungen war der Name Gerauer gefallen. Hätte er nicht die Nerven verloren und unbedacht das Geld vergraben, das Verbrechen wäre möglicherweise niemals aufgeklärt worden. Kommissar Zufall hatte Schutzmannswachtmeister Günzer zur rechten Zeit an den richtigen Ort geführt, um dafür zu sorgen, daß ein gemeiner Mörder seine verdiente Strafe bekommen konnte. Oder hatte etwa Gerauers Schicksal dieses gewollt? Wäre der Mord nicht passiert, wenn die Bäuerin geschwiegen hätte, statt dem Gerauer zu sagen, sie wisse, wer er sei? War es auch das Schicksal der Kreszenz Eder gewesen, auf so grauenhafte Weise sterben zu müssen? Alles Fragen, auf die es keine ausschließliche Antwort gibt.
Franz Gerauer hatte, so lange er lebte, an einer schweren Erblast zu tragen. Er war eines von acht unehelichen Kindern einer schwachsinnigen Mutter, seine Großmutter beging Selbstmord durch Ertränken, ein Onkel erhängte sich, und eine Tante, dem Wahnsinn verfallen, schnitt sich einen Arm ab und verstarb in der Irrenanstalt. Gerauer selber war indes von ärztlichen Sachverständigen für seine Tat voll zurechnungs- und schuldfähig beurteilt worden.
Am 22. April 1921 verurteilte ihn das Volksgericht für den Landgerichtsbezirk in Passau wegen Verbrechens des Mordes und des er-

schwerten Raubes zum Tode. Ein von Gerauer eingereichtes Gnadengesuch wurde vom Bayerischen Ministerrat abgelehnt. Am 9. Mai 1921, zwei Tage vor Vollendung seines 35. Lebensjahres, starb er im Hof des Landgerichtsgefängnisses in Passau durch die Kugeln eines Erschießungskommandos der 11. Compagnie, III. Bataillon des 20. Infanterieregiments in Passau.

Auf Befehl des Kommandeurs des III. Bataillons begab sich heute morgens gegen 4 ½ Uhr der Hauptmann Weikard der 11. Compagnie mit einem Zug von 10 Schützen in den Hof des Landgerichtsgefängnisses in Passau. Dort wurde dem Befehlshaber von dem I. Staatsanwalt Dr. Schneider in Passau der zum Tode verurteilte Kraftwagenführer von München, der sich in Begleitung des katholischen Geistlichen, des Kapuzinerpaters Fidelius, befand, zur Vollstreckung des Urteils übergeben.
Der Verurteilte wurde sodann zum Richtplatz geführt und ihm dort von dem Befehlshaber die vollstreckbare Ausfertigung des Urteils des Volksgerichts Passau vom 22. April 1921 verlesen.
Auf ein Zeichen des Befehlshabers wurde hierauf aus 5 Schritt Entfernung eine Salve abgegeben.
Der anwesende Landgerichtsarzt Dr. Kufner in Passau hat den sofort eingetretenen Tod des Verurteilten festgestellt (4 Uhr 36 Minuten).
Der Vollstreckung wohnte als Mitglied des Volksgerichtes, Oberlandesgerichtsrat Kempfler bei, ferner der Verteidiger des Verurteilten, Dr. Seitz, RA in Passau.

Unterschriften

Weickard *Kempfler* *Dr. Kufner*

10. DER ABSCHIEDSBRIEF

Oberndorf bei Bad Abbach

Landkreis Kelheim, Niederbayern

Im Namen des Volkes:
Georg Ackerl, geboren am 1. Februar 1895 in Oberndorf, Bezirksamt Kelheim, Steinbrucharbeiter, Sohn der Gütlerseheleute Georg und Katharina Ackerl, letztere eine geborene Weinzierl, wohnhaft in Oberndorf, wird wegen eines Verbrechens des Mordes zum Tode verurteilt.
Die bürgerlichen Ehrenrechte werden ihm auf Lebenszeit aberkannt.

Das Urteil des Volksgerichts für den Landgerichtsbezirk Regensburg war am 12. April 1920 nachmittags um 5 Uhr 20 in öffentlicher Sitzung vom Gerichtsvorsitzenden verkündet worden.

Georg Ackerl war im Hause seiner Eltern zu einem sauberen jungen Burschen herangewachsen, den die Mädchen umschwärmten. Nicht wenige der Dorfschönen waren heiß in ihn verliebt. Wegen seiner freundlichen und zuvorkommenden Wesensart war er überall gerne gesehen und stets der Hahn im Korbe. Er selber hatte indes nur Augen für die hübsche Bauerstochter Rosina Weinzierl, die ihrerseits dem geselligen und lebenslustigen „Girgei" in Liebe zugetan war. Zwischen den beiden entspann sich ein Verhältnis, und Georg war der etwas älteren und reiferen Rosina fortan vielfach gefällig. Alle Leute im Dorf wußten, daß er der beste und bravste Schüler in der Volksschule und danach auch in der Feiertagsschule gewesen war und daß er in der besonderen Gunst der Lehrerseheleute Raith stand. Wenn die Leute den Georg fragten: „Girgei, wos möchst'n amoi wern", gab er stets die gleiche Antwort: „Ich geh' in Steinbruch und dann amoi vielleicht zu dö Gandarm."

Georg Ackerl arbeitete in den heimatlichen Steinbrüchen. Als ihm die reiche Bauerstochter Rosina Weinzierl eines Tages ganz unverblümt sagte, sie werde niemals einen gewöhnlichen Steinbrucharbeiter heiraten, ging er, erst 18 Jahre alt, für zwei Jahre als Freiwil-

liger zum Militär, um es dort zu einer angesehenen Stellung zu bringen und dann die Rosina heiraten zu können. Die hochgestellten Erwartungen erfüllten sich nicht. Der höchste Rang, den er erreichte, war der Gefreite, und dieses verübelte ihm die Rosina sehr. Sie betrachtete ihn als Niete, nannte ihn einen Versager, der er im übrigen auch im Bett sei. Diese Einschätzung kränkte und ärgerte ihn. Sein übersteigertes Selbstbewußtsein erlitt einen Bruch, denn schon immer hatte er als mehr erscheinen wollen als das, was er wirklich war.
Es herrschte Krieg, und Ackerl diente bei einer Militäreinheit in München. Anfang des Jahres 1917 befand er sich mit seiner Kompanie zu militärischen Übungen im Raum Schongau. Der Trupp, dem er zugeordnet war, kam in das damals 453 Einwohner zählende Dorf Epfach, und dort knüpfte er zarte Bande zu der 19jährigen Gastwirtstochter Elise Meier. Diese war intelligent, von heiterer und froher Lebensart, mit 148 cm jedoch sehr klein und wenig schön. Das Mädel überschüttete ihn mit Liebesgaben und schenkte ihm obendrein Geld in einem Umfange, daß sie von der eigenen Schwester wegen des häufigen Eingriffs in das Vermögen der Eltern scharf getadelt werden mußte. Ackerl sah weniger auf die Schönheit, ihn lockten die vielen materiellen Annehmlichkeiten, die Elise ihm bereitete.
Seit Mai und Juni desselben Jahres war es zu wiederholten intimen Beziehungen zwischen Georg und Elise gekommen. Das „schlampige Verhältnis", so nannte Georg die Freundschaft, hielt er auch weiter aufrecht, als die Truppeneinheit bereits wieder in München war. Elise versorgte ihn nach wie vor mit Geld und ermöglichte ihm dadurch, seine Genußsucht in der großen Stadt auszuleben. Wenn sie ihren Georg in München besuchte, gewährte dieser ihr seine besondere Gunst, ansonsten entwickelte er sich zu einem liederlichen Windhund.
Nach seiner Entlassung aus dem Militärdienst Ende 1918 wohnte Ackerl bei seinen Eltern im kleinen Anwesen in Oberndorf und arbeitete wieder im Steinbruch. Im Frühjahr 1919 bewarb er sich um die Aufnahme in die Gendarmerieschule. Er wollte nicht mehr Taglöhner und Hilfsarbeiter sein. Den Plan, Schutzmann zu werden, hatte er zu keiner Zeit aufgegeben, er war sein Wunschziel geworden.
Es war August geworden, und Ackerl hatte noch keine Antwort auf

seine Bewerbung bekommen. Er gab die Hoffnung auf, jemals angenommen zu werden. Nachzufassen, sein Gesuch in Erinnerung zu bringen, dazu fehlte es ihm am nötigen Mut.

Elise Meier war von Ackerl schwanger geworden. Sie drängte auf eine Heirat. Er willigte schließlich ein und bestellte das Aufgebot in der Gemeinde und im Pfarramt.

Der Tag der Eheschließung stand fest, alle Vorbereitungen hierzu waren getroffen und die Hochzeitsgäste eingeladen, da erhielt Ackerl die amtliche Mitteilung, er habe berechtigte Aussichten, in die Gendarmerie eingestellt zu werden. Freudig erregt zeigte er das Schreiben seinen Eltern und erklärte, nun nicht mehr heiraten zu wollen. Da sagte seine Mutter: „Dös is nur a Wisch, koa Zuasag. Berechtigte Aussichten bedeut' gar nix. Du kannst d'Heirat nimmer absag'n. Denk' an die Schand', die Du uns und den Eltern der Elise machst. Denk' auch an dös viele Heiratsguat, dös die Elise mitbringa wird. G'heiratet wird!" Widerwillig folgte der 24jährige seiner Mutter, und im September 1919 schloß er mit der am 30. April 1898 in Mühldorf geborenen und bei ihren Eltern wohnenden Gastwirtstochter Elise Meier den Bund der Ehe. Sie bezogen eine Wohnung bei den Binderseheleuten Gruber im vorletzten Haus an dem Sträßchen von Oberndorf nach Graßlfing.

Die Ehe stand unter einem denkbar ungünstigen Stern. Ackerl schämte sich seiner eher häßlichen denn als ansehnlich zu bezeichnenden Frau, die er letztlich nur unter dem Druck der Mutter geheiratet hatte und weil er sich erhoffte, daß die Elise ein großes Heiratsgut mitbringen würde. Dieses hätte es ihm erlaubt, ein lasterhaftes Leben sorgenfrei führen zu können. Er stand nämlich inzwischen in engen Bindungen zu mehreren Frauenspersonen, im besonderen aber wieder zu seiner früheren Geliebten Rosina Weinzierl, die es nicht unterdrücken konnte, ihm immer aufs neue zu sagen, welch „häßliche Kröte" er sich mit der Heirat eingefangen hatte.

Ackerl behandelte seine Frau von Tag zu Tag schlechter, versuchte sie mürbe zu machen, von sich aus die Auflösung der Ehe zu betreiben. Die ständigen Nadelstiche, die ihn wegen des Aussehens seiner Frau von vielen Seiten trafen, bewirkten, daß er plötzlich Ekel und Abscheu empfand, wenn sie sich ihm in liebender Zuneigung näherte. Als er auch noch erfuhr, seine Verheiratung sei zum Hindernis dafür geworden, daß er nicht in die Gendarmerie aufgenommen werde, hatte er für das „verdammte Weiberts“ nur noch ungezügelten Haß übrig. Ein örtlicher Gendarmeriebeamter war eines Tages bei Ackerl erschienen und hatte ihm auftragsgemäß mitgeteilt, daß verheiratete und Bewerber mit einem außerehelichen Kind von der Aufnahme in die Gendarmerieschule ausgeschlossen seien. Voller Zorn fauchte daraufhin Ackerl seine hochschwangere Frau an: „Du bist schuld, daß ich kein Gendarm werden kann. Nur Dir hab' ich's zu verdanken, daß ich mein Lebtag ein Taglöhner bleiben muß.“

Georgs Unzufriedenheit mit seinem Schicksal wurde noch größer, weil Elise statt des erwarteten großen Heiratsgutes tatsächlich nur 1.000 Mark in die Ehe einbrachte, die fast ausschließlich zur Beschaffung der Wohnungseinrichtung verwendet werden mußten und deswegen für ihn keine Mark für persönliche Ausgaben abfiel.

Zu Weihnachten 1919 fuhr Elise Ackerl zu ihren Eltern nach Epfach. Georg hatte sie heimgeschickt, ihren Vater zu bitten, 5.000 Mark als Heiratsgut nachzuschieben. Er hätte das total heruntergekommene elterliche Anwesen übernehmen wollen und das Geld zur Sanierung dringend gebraucht. Elises Vater sagte der Tochter das Geld zu, und sie hatte nichts Eiligeres zu tun, als diese Neuigkeit ihrem Manne brieflich von Epfach aus mitzuteilen. Im Verlaufe des weiteren Aufenthaltes der Tochter in Epfach entnahm der Vater ihren Erzählungen, daß die Verhältnisse im Elternhaus ihres Mannes außergewöhnlich ärmlich seien. Daraus folgerte er, daß die 5.000 Mark möglicherweise verloren wären. Er nahm seine Zusage zurück und machte statt dessen den Vorschlag, Georg Ackerl solle sich auf den Holzhandel verlegen, er, der Schwiegervater, würde dem Schwiegersohn eine Starthilfe von 20.000 bis 30.000 Mark geben. Frohgestimmt trat Elise mit dieser guten Botschaft und versorgt mit Lebensmitteln und Wäsche für das zu erwartende Kind am 7. Januar 1920 die Heimreise nach Oberndorf an.

Die längere Abwesenheit seiner Frau nutzte Ackerl dazu, sein Verhältnis zur Rosina Weinzierl öffentlich zu machen. Schonungslos ließ er jegliche Zurückhaltung und Rücksichtnahme vermissen und machte jedermann gegenüber deutlich, wie sehr er das ihm aufgezwungene „Ehejoch“ verabscheue. In dieser Zeit faßte er den verbrecherischen Entschluß, seine Frau aus dem Wege zu räumen. Elise Ackerl wußte um die Treulosigkeit ihres Mannes. Trotzdem blieb sie, zumindest nach außen hin, für die Mitmenschen heiter und vergnügt. Sie freute sich ungemein auf das Kind und war noch am 9. Januar 1920 zusammen mit ihrer Wohnungsgeberin Gruber damit beschäftigt, Kinderwäsche herzurichten. „Morgen werde ich fleißig die angefangene Arbeit vollenden“, sagte sie zu der Gruber. Dazu sollte es dann nicht mehr kommen.

Am 10. Januar 1920 gegen 6 Uhr früh verließen Georg und Elise Ackerl gemeinsam die Wohnung. Sie begegneten im Hausgang der Hausbesitzerin Gruber, die erstaunt war, die Frau schon so früh auf den Beinen zu sehen. Als sie danach fragte, wohin Ackerls Frau so früh schon wollte, erklärte diese, nach Abbach zu gehen, um Lebensmittel einzukaufen. Georg Ackerl gab vor, seine Eltern im unteren Dorf aufzusuchen. Die Hauswirtin bat Elise, ihr vom Bäcker ein paar Semmeln mitzubringen, und mit einem „Pfüad God“ gingen sie auseinander.

Gegen 7 Uhr kehrte Georg Ackerl in seine Wohnung zurück. Er entnahm dem Küchenkasten ein Kuvert, in dem ein Brief steckte. Dann suchte er die Gruber in ihrer Wohnstube auf. Mit betroffener, zerknirschter Miene sagte er: „Die Elise ist tot.“ Frau Gruber, zutiefst erschrocken, stieß hervor: „Das kann doch nicht sein! Was ist passiert?“ Ackerl hielt ihr den Brief entgegen und forderte sie auf, diesen zu lesen. Sie fühlte sich dazu aber außerstande. Daraufhin holte Ackerl einen einseitig beschriebenen Briefbogen aus dem Umschlag und las vor: „Ich habe Dich schon seit unserer Verheiratung betrogen und muß jetzt die Folgen tragen. Bin von einem anderen in andere Umstände geraten und will deshalb von dieser Welt und von Dir scheiden.“ Als Zeugin erklärte die Gruber später der Gendarmerie: „Ackerl hat den Text heruntergelesen, wie wenn er ihn selber geschrieben oder auswendig gelernt hätte. Er hat auch geweint. Meiner Meinung nach war das aber nur gespielt gewesen, denn meine Aufforderung, seine Frau zu suchen, hatte er völlig ignoriert.“

Ackerl klagte dem Bürgermeister und dem Lehrer Raith sein Leid. Er jammerte, es nicht zu verkraften, daß seine Elise sich umgebracht ha-

be, und zeigte auch hier den Brief vor. Lehrer Raith bezweifelte, daß Elise Ackerl wirklich die Verfasserin war. Neben einer Anrede fehlte auch der Gruß, und die einwandfreie Orthographie entsprach nicht den Erkenntnissen, die der Lehrer von Elises Rechtschreibung hatte. Außerdem würde eine so in ihren Mann vernarrte Frau, wie Elise es war, niemals einen derart unterkühlten Brief schreiben wie jenen, den Ackerl vorwies. Nach Meinung des Lehrers widersprach es jeglicher Psychologie, daß die Frau, die mit ganzem Herzen an diesem Mann hing, ihn betrogen haben sollte. Nur einer überaus raffinierten Heuchlerin hätte es gelingen können, ihren Mann unbemerkt von den Dörflern fortgesetzt mit einem anderen zu hintergehen. „Ihr war jedes Liebäugeln mit anderen Mannsbildern fremd", konstatierte Lehrer Raith. Auch ihres Aussehens wegen durfte ausgeschlossen werden, daß andere Männer sie begehrten. Lehrer Raith sagte es Ackerl auf den Kopf zu, daß er mit dem Verschwinden seiner Frau zu tun, möglicherweise sogar ihren Tod verschuldet habe. Kaltschnäuzig entgegnete Akkerl: „Meine Frau umzubringen habe ich nicht nötig. Ich brauch' mich ja nur scheiden lassen, dann bin ich sie auch los." Mitleidsvoll blickte Raith auf Ackerl. Für ihn stand fest: Dieser Mann hatte seine Frau beseitigt, um frei zu werden für die Geliebte Rosina Weinzierl.
Ackerl meldete seine Frau Elise bei der Gendarmerie als abgängig und legte den angeblich von der Vermißten abgefaßten Brief, in welchem sie ehebrecherische Beziehungen gestand und ihren Selbstmord mitteilte, dem Wachtmeister auf den Tisch. Während dieser das Vermißtenprotokoll aufnahm, zog Ackerl eine Schau ab. Den Kopf in die Ellenbogen gestützt, täuschte er Zerknirschung und Niedergeschlagenheit vor, weinte Krokodilstränen. Dabei schielte er zu dem Beamten, wie dieser es aufnahm, was er ihm erzählte. Der Gendarmerie waren die außerehelichen Eskapaden Ackerls längst bekannt gewesen, und so wertete der Beamte die Aussagen mit gebotener Vorsicht.
Volkes Stimme blieb indes nicht stumm. Ein Steinbrucharbeiter ließ verlauten, Ackerl habe einmal zu ihm gesagt: „Das anhängliche Getue des häßlichen Weibes ist ekelhaft und stößt mich ab. Ich sorge schon noch dafür, daß das aufhört." Und ein ganzes Dorf bezeugte, daß Ackerl seine ungeliebte Frau getötet und den Leichnam beseitigt

habe. Dringend verdächtigt, seine Frau ermordet zu haben, wurde Georg Ackerl in Untersuchungshaft genommen. Er bestritt leidenschaftlich den Tatvorwurf. Mangels Beweisen mußte er nach 17 Tagen wieder freigelassen werden. Ein Schriftenvergleich mit anderen von Elise Ackerl geschriebenen Briefen an ihren Ehemann erbrachte den Nachweis, daß das zu begutachtende Bekennerschreiben der Elise Ackerl tatsächlich von ihr abgefaßt worden war. Stutzig machte die Sachverständigen lediglich, daß jeder andere Brief begann mit: „Mein lieber Schorschl", oder: „Mein lieber Schatz" und daß sie alle endeten mit: „Deine Lissi".

Der Mordverdacht gegen Georg Ackerl war nicht ausgeräumt. Ohne Leiche, ohne Geständnis und ohne Tatzeugen traten die Ermittlungsbeamten aber auf der Stelle. Ihre Recherchen landeten in einer Sackgasse. Licht in das Dunkel kam, als am 24. Februar 1920 bei dem etwa 6 Stunden von Oberndorf donauabwärts entfernten Kiefernholz eine weibliche Wasserleiche angeschwemmt wurde. Die Tote war Elise Ackerl. Bei der gerichtlichen Leichenöffnung am 26. Februar stellte sich heraus, daß die Frau nicht den Erstickungstod im Wasser gefunden hatte, sondern vorher erschossen worden war. Unmittelbar hinter dem rechten Ohr war eine Pistolenkugel in den Hinterkopf eingedrungen, hatte die harte Hirnhaut durchlöchert, den oberen Teil der linken knöchernen Hinterhauptschuppe auf 6 cm Länge zertrümmert und war danach wieder ausgetreten. Der winterlichen Kälte war es zuzuschreiben, daß sich die Leiche in einem verhältnismäßig gut erhaltenen Zustand befand und eine unzweifelhafte Feststellung der eigentlichen Todesursache zuließ. Die Selbstmordtheorie war geplatzt wie eine Seifenblase, Georg Ackerl wurde erneut festgenommen.

Nach mehreren, langen Intensivverhören stand am Ende fest: Georg Ackerl hatte sich vor dem Ausscheiden aus dem Militärdienst illegal eine Armeepistole verschafft und diese, in ein wollenes Tuch eingehüllt, hinter einem Dachbalken im Elternhaus versteckt. An diese Waffe erinnerte er sich wieder, als er den Plan ausheckte, seine Frau zu töten. Mehrmals holte er die Pistole aus dem Versteck, ging in die umliegenden Steinbrüche und machte Schießübungen. Seine schon auf dem Truppenübungsschießplatz aufgefallene Treffsicherheit hatte er nicht eingebüßt, und das bestärkte ihn in dem Vorhaben, Erschießen als Tötungsart zu wählen. Ackerl war intelligent genug gewesen, um zu wissen, daß er bei einem unnatürlichen Ableben seiner Frau verdächtigt werde, bei einem Verbrechen Hand angelegt zu haben. Deshalb versäumte er es nicht, sich einen Alibibeweis anzuschaffen, der von vornherein jeglichen Verdacht gegen ihn hätte entkräften sollen. Er verlangte von seiner Frau, auf einem Briefbogen einen von ihm vorgefertigten Text niederzuschreiben, der das bekannte Geständnis der Untreue und die Selbstmordbezichtigung enthielt. Als die Frau ihn fragte, was dieses solle, antwortete er: „Ich will dem Xare (seinem Freund Xaver) einen Schabernack spielen. Dem seine Alte geht nämlich fremd." Elise lachte und schrieb.

Am Abend des 9. Januar 1920 sagte Elise zu ihrem Mann: „Morgen gehe ich gleich in der Frühe nach Abbach zum Einkaufen. Gehst mit, Schorschl?" Der Mann erwiderte: „Freilich. Aber vorher gehst Du mit mir, ich muß Dir was Schönes zeig'n." „Was ist's, und wo ist's?" fragte sie zurück. Er tat geheimnisvoll. „Ich sag's Dir nicht, s'wär' sonst keine Überraschung."

Folgsam und schweigend wie immer ging Elise am anderen Morgen neben dem so sehr geliebten Mann her und überlegte fieberhaft, was die Überraschung wohl sein könnte. Sie dachte an nichts Böses, als der Mann den Weg zum längst aufgelassenen, von Unkraut überwucherten Steinbruch am Ende des Dorfes nahm. Etwa 30 Schritte gegenüber dem Zugang zum Steinbruch fließt die Donau stromabwärts. Dort befindet sich ein etwa drei Meter hoher Abhang zur Donau. An diese Stelle führte Ackerl seine Frau. Dann holte er aus der Hosentasche die Pistole und schoß der ahnungslosen Frau in den Hinterkopf. Die tödlich Getroffene stürzte vornüber den Abhang hinab. Weil sie nicht in das Wasser gefallen war, stieg Ackerl den Abhang hinab und stieß die Frau mit dem Fuß in die Fluten. Die Pistole warf er hinterher. Das Hochwasser schwemmte die Tote fort.

Die Todesstrafe gegen Georg Ackerl wurde am 15. Mai 1920 durch den Ministerrat des Freistaates Bayern im Gnadenwege umgewandelt in eine lebenslängliche Zuchthausstrafe. Am 12. Mai 1922 morgens um 3 Uhr starb Ackerl in einer kahlen Zuchthauszelle.

11. DIE TOTE IN DER KIESGRUBE

Offenstetten, Bezirksamt Kelheim

Landkreis Kelheim, Niederbayern

Josef Hofmann wurde am 20. Februar 1898 in Neukelheim geboren als uneheliches Kind der Franziska Hofmann, später verehelichte Philipp. Die meiste Zeit seiner Kindheit lebte er bei der Großmutter väterlicherseits, nämlich der Mutter des legitimen Vaters mit Namen Plutz in Walddorf. Mit 13 Jahren bereits in landwirtschaftlichem Dienst in Grafenstadl, verübte er in Oberhöfen, im Bezirksamtsbereich Parsberg, einen Einbruchdiebstahl und wurde dafür mit einer Woche Gefängnis bestraft. Im Januar 1915 rückte er als Kriegsfreiwilliger zum Militär ein, lernte den Krieg an der Front kennen und quittierte den Militärdienst im Februar 1919 mit seinem Übertritt in die Reichswehr, aus welcher er am 14. Oktober 1919 ausschied. Danach arbeitete er in einem Bergwerk in Westfalen. Zu Beginn des Jahres 1920 bot sich ihm in Pullach bei Kelheim die Möglichkeit einer Beschäftigung als Forstarbeiter. Zu dieser Zeit trat er in nähere Beziehung zu seiner späteren Ehefrau, der am 20. September 1897 geborenen Anna Hatzl, die im Gut Offenstetten bei Kelheim bedienstet war. Sie verschaffte Hofmann im Februar Arbeit als Taglöhner bei ihrer Herrschaft, beide heirateten am 18. des gleichen Monats und bezogen eine Wohnung im zum Gut Offenstetten gehörenden Bruckhof.

Hofmann war, wie man so sagt, ein „Weiberer" geworden. Er führte einen lockeren Lebenswandel, war genußsüchtig und verkehrte viel mit zwielichten Frauenspersonen, wozu er Geld brauchte. Sein Eheweib machte ihm wegen seiner Liederlichkeit und Verschwendungssucht oftmals heftige Vorwürfe und forderte von ihm Sparsamkeit. Ihr in die Ehe eingebrachtes Vermögen von 1500 Mark hatte die Wohnungseinrichtung verschlungen, Hofmann selber war bei der Eheschließung arm wie eine Kirchenmaus gewesen. Nunmehr vergriff er sich fortwährend am gemeinsamen Verdienst und brachte das Geld in Gasthäusern und mit käuflichen Weibsbildern durch. Die Ehefrau sah sich bereits am Bettelstab und bekam es mit der Angst zu tun.

Am 3. und 4. Oktober 1919[3] war Hofmann jeweils ganztägig auf dem Gillamoosmarkt in Abensberg und verjubelte auch noch den Notgroschen, den die Frau im Küchenkasten in einer Keramikvase zurückgelegt hatte. Alle Schelte der Frau fruchteten nichts, Hofmann blieb seinem Lotterleben treu. Kurze Zeit nach dem Gillamoosmarkt trieb er sich auf dem Gallimarkt in Ingolstadt herum und am Kirchweihmontag wieder in Abensberg. Beide Male in Begleitung fragwürdiger Frauenzimmer, deren Wünsche er nur noch befriedigen konnte, weil er sich von suspekten Leuten Geld zu hohen Zinsen auslieh und sich dadurch in erhebliche Schulden stürzte.

Am Sonntag, dem 24. Oktober 1920, verließ er ohne Frühstück und wortlos die Wohnung und begab sich nach Abensberg. Dort kehrte er beim Ammerbräu ein, trank 14 Gläser Schnaps und war gut angeheitert gegen 12 Uhr mittags wieder daheim. Mürrisch setzte ihm die Frau das erkaltete Mittagessen auf den Tisch und sagte zu ihm: „Heut' kimmt d'Lugauer Barbara aus Pullach. Anstandshalber müaß'n ma ihr a Stück entgegengeh'n." Bei der Lugauer hatte Hofmann als Kind einmal kurze Zeit zugebracht, die Frau hatte den Kontakt zu ihm nie abreißen lassen. Hofmann hatte mit Kumpeln ausgemacht, sich das nach 12 Uhr beginnende Faustballspiel auf dem bei Offenstetten gelegenen Sportplatz anzusehen. Da die schwüle Atmosphäre zu einem Ehegewitter auszuarten drohte, folgte er der besseren Einsicht, das angekratzte Gemüt der Frau nicht weiter zu strapazieren, und sagte deshalb zu mitzugehen.

Die Hofmanns gingen in Richtung Arnhofen, wo die Begegnung mit der Lugauer stattfinden sollte. Als sie auf dem Weg zu einer Kiesgrube kamen, bat die Frau den Mann, ihr den Platz zu zeigen, von dem aus er die Woche über Kies für das Gut abgefahren hatte. Hofmann führte die Frau an die Stelle. Plötzlich äußerte sie den Wunsch, sich am Nordhang der Kiesgrube niedersetzen zu wollen, weil die Herbstsonne dort noch kräftig hinschien. Beide setzten sich nebeneinander, sprachen über belanglose Dinge, und ehe sich's Hofmann versah, prasselten in einem wasserfallartigen Wortschwall wieder die altbewährten Anklagen auf ihn nieder. „Du elender Hallodri, boid kimmts so weit, daß i Betteln geh'n muaß. Wann spannst Du's endli amoi, daß mit uns den

Berg obi geht?“ Von dem am Vormittag getrunkenen Schnaps noch etwas benebelt, packte er in einem Wutanfall die Frau am Hals und würgte sie. Trotz seines nicht ganz nüchternen Zustandes erkannte er jedoch die Gefahr des Drosselns und nahm schnell seine Hände zurück. Die Frau sah ihn an und sagte ohne jede erkennbare Rührung: „Gelt, möchst mi halt umbringa. Scho lang is mir klar, daß i Dir im Weg bin, daß'd mi gern wegräuma tatst von dera Welt. Meinetweg'n derfst mi schon auslösch'n, dann brauch' i wenigstens nöd eines Tags zum Betteln geh'n, dann bin i erlöst, dann kannst die von Offenstetten heirat'n!“ Damit meinte sie jene Frau, mit der Hofmann offen bekannt ein intimes Verhältnis hatte. Wieder überkam ihn der Zorn. Abermals faßte er der Frau mit beiden Händen an den Hals und schüttelte sie kräftig durch. Genau wie kurz zuvor zeigte Anne Hofmann auch diesmal kein Erschrecken. Ruhig und geschäftsmäßig sachlich sagte sie zum Mann: „Kannst es scho tuan. Druck nur zu. Schnoi muaß aba geh'n.“ Hofmann, völlig außer sich, schrie sie an: „Wannst so daherredst, dann bring i di eben um.“ Er warf die Frau den Hang hinunter in das erste Loch in der Kiesgrube, rannte hinterher, drückte sie auf den Boden nieder und drosselte sie derart, daß ihr der Adamsapfel an der Kehle eingedrückt wurde. Dann ließ er von der Frau ab und überlegte, was er weiter tun solle. „Laß' i sie geh'n, sagt sie's alle Leut', daß i sie hob umbringa woin. Da is glei besser, i stech' sie ab.“ Er nahm ein mitgeführtes Messer aus der inneren Joppentasche, setzte zum Zustechen an, zuckte aber noch einmal zurück. Die Frau sagte nämlich, als sie das Messer sah: „So, aitzand bin i befreit, mei lieabe Frau vo Allersdorf.“ Da stach er ihr in die rechte Halsseite, um sie zu töten. Der Stich öffnete die Halsschlagader und hatte den schnellen Tod durch Verbluten zur Folge.

Von einem zweiten, tiefer unten in der Kiesgrube gelegenen Loch nahm Hofmann das Heidekraut weg, trug die Tote dorthin und ließ sie hineinfallen wie einen Holzklotz. Dann deckte er abgerissenes Heidekraut darüber. Seelenruhig ging er dann auf den Sportplatz und beteiligte sich am Faustballspiel. Nach Spielende suchte er in Offenstetten seine Mutter Franziska Philipp und die Großmutter Hatzl auf, fragte nach seiner Frau und beteuerte, sie habe ihm gesagt, die beiden besuchen zu wollen. Danach ging er in die Gastwirtschaft und tanzte eifrig auf dem Tanzboden. Nach 6 Uhr abends ging Hofmann nochmals zur Kiesgrube, brach dort die Werkzeugbude auf und holte sich daraus eine Schaufel. Mit dieser hob er eine metertiefe Grube aus, legte die Leiche und das Tatmesser hinein, schaufelte das Loch mit Sand und Kies zu und pflanzte darauf Heidekraut. Die nächsten Abendstunden zechte er wieder beim Ammerbräu in Abensberg, um halb 12 Uhr nachts betrat er angetrunken seine Wohnung im Bruckhof.

Am folgenden Morgen fing er an, reihum bei Verwandten und Bekannten in Offenstetten, Pullach und Walddorf nach seiner Frau zu fragen. Er verbreitete das Ammenmärchen, die Frau habe ihm gegenüber mehrmals kundgetan, sie würde sich einmal etwas antun und ins Wasser gehen. Niemand, der seine Frau kannte, nahm ihm das ab. Die Leute wußten, daß Anna Hofmann seelengut, ruhig und brav war, ihrem Mann zuliebe alles tat, was er haben wollte, und an ihm in rührender Liebe und Aufopferung hing. Es war auch hinreichend bekannt gewesen, daß sie an dem sittenlosen und ausschweifenden Leben ihres Mannes zu zerbrechen drohte, trotzdem aber hingebungsvoll für ihn sorgte.

Hofmann geriet in den Verdacht, seine Frau umgebracht und die Leiche irgendwo vergraben zu haben. Da einige Zeugen sich meldeten, die ihn mit seiner Frau am fraglichen Sonntag in Richtung Arnhofen gehen sahen und der Weg nach dort an einer Kiesgrube vorbeiführte, begann die Gendarmerie, in der Kiesgrube nach einem verdächtigen Indiz zu suchen. Die Beamten entdecken den Erdaushub und fanden die Tote. Josef Hofmann wurde festgenommen und gestand sofort die Tat. Entschieden stellte er aber in Abrede, die Frau mit Überlegung getötet zu haben. Er sei betrunken gewesen und wisse nicht, wie alles geschah, versuchte er sich hinauszureden. Zum Messer habe er nur gegriffen, weil ihn die Frau mit ihrem dauernden Lamento, sie werde zur Bettlerin werden, dazu zwang.

Das Volksgericht für den Landgerichtsbezirk Regensburg verurteilte Josef Hofmann am 31. Januar 1921 wegen Mordes zum Tode. Am 10. März 1921 wurde er im Hof des Gerichtsgefängnisses Regensburg durch ein Erschießungskommando hingerichtet.

12. BLUTSCHANDE

Herrnsaal bei Kelheim

Landkreis Kelheim, Niederbayern

Die Bauerseheleute Besenhard in Herrnsaal löffeln mißmutig ihre Morgensuppe, im Stall draußen brüllt das Vieh, verlangt nach Futter. Es ist Montag, der 6. Januar 1930, früh 7 Uhr, und die Dienstmagd Walburga Süß hat sich noch nicht blicken lassen. Noch nie ist es vorgekommen, daß die Burgl, wie sie gerufen wurde, ihre Stallarbeit vernachlässigt hatte. Etwas mußte mit ihr vorgefallen sein. „Geh' zua, schau nach, was mit der Dirn los is'", sagt die Bäuerin zum Mann. „Vielleicht kränkelt's a wenig und kann nöd aufsteh'n." Der Bauer geht die Stiege zur Dachkammer hinauf und findet das Bett der Magd leer vor. „'s wird ihra doch nixn g'schehng sei?" denkt Besenhard, geht zurück in die Stube und sagt zur Frau: „Mia müass'n heit' selber d'Viecher fuadern. Burgl is' nöd da." „Sie wird nachat scho no kemma", meint die Bäuerin, räumt das Geschirr vom Tisch und folgt ihrem Mann hinaus in den Stall.

Es war Mittag geworden, und die Magd hatte noch nichts von sich hören lassen. Das ängstigte die Bauersfrau. „Nimm's Radl und fahr' nach Kelheimwinzer, vielleicht is' d'Burgl dahoam bei ihrene Eltern." Sie wußte, daß die Magd schwanger war, und vermutete deshalb, bei dem Mädel könnte sich gesundheitlich etwas kompliziert haben, es sei am Abend des Vortages dessentwegen zur Mutter heimgefahren und dort geblieben. Der Bauer setzte sich auf das Fahrrad und fuhr trotz großer Kälte nach Kelheimwinzer. Walburga Süß, Burgls Mutter, bestätigte, daß die Tochter, so wie an allen Sonntagen bisher, auch am vergangenen zu Besuch dagewesen war, aber schon am frühen Nachmittag mit dem Rad nach Herrnsaal zurückgefahren sei. Niemand hatte eine Vorstellung darüber, was mit der sonst recht zuverlässigen 21jährigen passiert sein könnte. Man vereinbarte, sich gegenseitig zu benachrichtigen, sobald der Aufenthalt der Dirn bekannt werde.

Walburga Süß war am 10. Januar 1909 in Kelheimwinzer geboren. Sie hatte noch drei Geschwister. Eines davon war der am 23. März 1899

ebenfalls in Kelheimwinzer geborene Halbbruder Franz Bierschneider. Er war außerehelicher Sohn der Walburga Bierschneider, später verehelichte Süß. Der Bub wuchs zunächst im Haushalt seines Großvaters mütterlicherseits in Kelheimwinzer auf, kam dann zur Mutter, als diese sich verheiratete. Er besuchte die Volks- und Feiertagsschule, war Hüter- und Stallbub, Dienstknecht und danach Arbeiter in der Zellulosefabrik in Kelheim. Wohnen durfte er im Hause der Eltern.
Franz Bierschneider mochte seine Stiefschwester Burgl von allen Geschwistern am liebsten. Aus Mitleid für die geistig ein wenig Zurückgebliebene hatte er eine Beschützerrolle übernommen, wofür das Mädchen ihm mit einer rührenden Anhänglichkeit dankte.
Die körperlichen Proportionen hatten sich im Laufe der Jahre vorteilhaft für das Mädchen entwickelt. Dem Bruder war dieses nicht entgangen. An einem Sonntag kaufte er nach dem Kirchgang beim Krämer eine Tüte Bonbons und steckte sie heimlich der Burgl zu. Mit glänzenden Augen lächelte sie ihn an. Eine Woche später schenkte er ihr Schokolade und versprach weitere Süßigkeiten, wenn sie mit ihm in den Heuschober gehe. „Ich mächat wos von Dir sehng und Dir von mir wos zoang“, sagte er. Burgl tat ihm den Gefallen. Sie trafen sich am Nachmittag im Heustadel. Franz verlangte von ihr, sich ganz auszuziehen. Willenlos entkleidete sich Burgl. Dann verführte er das Mädchen. Burgl schwor hoch und heilig, nichts zu sagen, sie müsse aber jeden Sonntag Süßigkeiten bekommen.
Franz Bierschneider trieb von da an fortgesetzt und über mehrere Jahre blutschänderischen Verkehr mit der Schwester. Auch dann noch, als diese 1925 in den Dienst beim Bauern Besenhard in Herrensaal trat. Die Burgl hatte den Beischlaf nicht nur widerspruchslos hingenommen, sie forderte sogar die Vereinigung mit der Drohung, alles zu erzählen, wenn Franz ihr nicht mehr zu Willen sei.
Die Bäuerin Besenhard wunderte sich schon lange, daß Franz Bierschneider so oft seine Schwester besuchte. Weil die beiden dann jedesmal gleich in die Schlafkammer der Burgl verschwanden, wurde die gläubige Christin mißtrauisch. Als sie die beiden auch einmal im Bett ertappte, versprach die Burgl hoch und heilig, vom Franz zu lassen, gehalten hatte sie sich aber nicht daran. Sie zwang den Bruder

immer wieder zum Inzest, und im Sommer 1929 wurde sie von ihm geschwängert.

Lange hatte die Burgl ihren Zustand verheimlichen können. Sie war bereits im sechsten Monat, als die Bäuerin Besenhard ein verändertes Wesen bei der Magd feststellte. „Die benimmt sich grad so, als täts a Kind krieagn“, dachte sie sich und fiel geradewegs mit der Tür ins Haus. „Du ißt in der letzt'n Zeit gar a bisserl vui. Und a wengerl molliger bist auch worn. Da moan ich wachst wos in Dir. Hosd an Vadda dafür?“ „Endlich muaß ich nimmer heimlich tuan, alle Leut' werns jetzt erfahr'n, daß ich an Bangerten krieag.“ Tränenreich schilderte Burgl, im Sommer von einem ihr unbekannten Burschen vergewaltigt worden zu sein. Auf dem Heimweg von ihren Eltern in Kelheimwinzer nach Herrnsaal sei sie gewesen, da habe ihr der Bursche an der Donau drunten Gewalt angetan. Sie habe dieses deshalb verschwiegen, weil kein Mensch davon wissen brauchte. Die Bäuerin gab sich mit dieser Version zufrieden, ganz geglaubt hatte sie der Burgl aber dennoch nicht.

So stands um die Burgl, als sie am 6. Januar spurlos verschwand. Tags darauf wurde Franz von seiner Mutter nach Saal a. d. Donau geschickt. Auf der Gendarmeriestation klopfte er zaghaft an die Tür zum Dienstraum. „Ja der Franz Bierschneider. Was führt Eahna denn her, bei derena Kält'n?“ Dem Beamten war der 21jährige Bursche aus Kelheimwinzer nicht fremd. Tag um Tag im Dienstbereich zu Fuß unterwegs, kannte er Kind und Kegel. „Unsere Burgl is' seit zwoa Tag verschwund'n. Vorgestern, am Sonntag, war's no dahoam bei den Eltern, und dort is' um halbe oans Mittag weg. Mit'm Fahrradl nach Herrnsaal, wos beim Bauern Besenhard im Deanst is'. Sie is' aber dort nöd ankommen. Dös Deandl wird doch nöd ös Wasser gangen sein?“ Der Gendarm fertigte ein Vermißtenprotokoll an und sagte, er werde der Sache nachgehen. Unvermittelt fragte er Franz: „Wos moanen's denn damit, 's Deandl wird doch nöd ös Wasser gangen sein? Hat's schon amal von so was g'red?“ „Na, na. Ich hob dös hoid aso dahing'sagt.“

Als Bierschneider weggegangen war, überdachte der Gendarmeriebeamte noch einmal die Äußerung des Burschen. Er hatte nämlich auch davon gehört, daß die Magd vom Besenhard in anderen Umständen sei. Sollte das etwa der Grund ihres Verschwindens sein?

Könnte sie nicht doch in die Donau gegangen sein? „Es wird nichts schaden, wenn ich die Gendarmeriestationen entlang der Donau von dem Vermißtenfall gleich verständige.“ Am 13. Januar 1930 wurde bei Sinzing eine Leiche aus der Donau gezogen. Es war Walburga Süß. Nach den Ermittlungen der gerichtsmedizinischen Sachverständigen war sie im Wasser erstickt, mußte aber gewaltsam in den Fluß gedrückt worden sein.

Bei der Gendarmerie meldeten sich Zeugen. Eine Frau aus Saal a. d. D. gab an, am Sonntagabend, dem 5. Januar gegen halb 8 Uhr von der Donau her gellende Hilfeschreie einer Frau gehört zu haben, und die Bäuerin Besenhard teilte ihr Wissen von der angeblichen Vergewaltigung der Burgl den ermittelnden Beamten mit. Daß die Geschwister in verbotener Liebe miteinander verkehrt hatten, dieses behielt sie für sich. Die Burgl war tot. Es gab keinen vernünftigen Grund mehr, die Sache noch breitzutreten.

Bald schon hatten offene und anonyme Hinweise einen Verdacht auf Franz Bierschneider gelenkt, seine Halbschwester Walburga Süß in der Donau „ertränkt“ zu haben. „Wieso hätt’ ich die Burgl umbringen soll’n, ich hab’ sie doch gern g’habt“, verteidigte er sich und fügte nach einigem Zögern hinzu: „Amoi hod mir Burgl vazählt, daß sie ihr Bauer öfter mit Gewalt packt hod. Von dem is’ wahrscheinlich auch in andere Umständ kemma.“ Die Gendarmen suchten den Bauern Besenhard in seinem Anwesen in Herrnsaal auf und hielten ihm die Aussagen Bierschneiders vor. Fuchsteufelswild wandte sich die Bäuerin an die Beamten: „A so wars recht. Mei Oida sois o’gführt hom, dös Weiberts. Dös traut sich der Lump, der Bierschneider, sag’n. Er hod die Burgl scho verführt, wia sie no nöd amoi zwölf Jahr oid war. Nachat hams jahrelang mitananda turtelt und g’schlafa. D’Burgl soim hods mia vazählt. Fragts’n, an Blutschänder, wer sie umbracht hod. Vielleicht druckt’n ’s Gwiss’n, und er sagts.“

Franz Bierschneider wurde festgenommen. Er ahnte, daß die Gendarmen mehr wußten, als er dachte. Als sie ihm vorhielten, er habe jahrelang mit der Burgl Inzest betrieben, da sah er die Zwecklosigkeit weiteren Leugnens ein, und er gestand. Allerdings korrigierte er sich mehrmals und verstrickte sich in ein Lügengeflecht, dem er nicht mehr entkommen konnte. Zuerst tischte er das Märchen auf, die Burgl habe sich in selbstmörderischer Absicht in die Fluten gestürzt, um ihm und ihr selber die Schande einer Bestrafung wegen Blutschande zu ersparen. Dann, nachdem ihm erklärt worden war, die Leiche habe Würgemale aufgewiesen und dem Tod sei Gewaltanwendung vorausgegangen, berief er sich auf einen heftigen Streit, den er mit der Burgl gehabt haben wollte und bei dem er sie drosselte und dann in die Donau stieß.

Zu guter Letzt sagte er es dann aber doch, wie sich die Tat zugetragen hatte. Im August 1929 hatte ihn die Schwester in Kenntnis gesetzt, daß sie von ihm ein Kind bekomme. Diese Offenbarung war ihm äußerst unangenehm. Er befürchtete, die Burgl könnte nicht dichthalten und die strafbare Inzesthandlung öffentlich machen. Auch bezweifelte er, wegen dieser Sache das elterliche Anwesen noch zu bekommen, auf das er spekulierte. Sein Stiefvater hatte ohnehin schon einmal die Äußerung getan, er werde das „Sachl" der Walburga überschreiben lassen.

Bierschneider wählte den Sonntag (5. Januar 1930) dazu aus, seinen Mordplan zu verwirklichen. Er wußte, daß Walburga jeden Vormittag Milch im Auftrag ihres Dienstherrn nach Kelheim in einen Verkaufsladen bringen mußte. Auch an Sonntagen. Um halb 10 Uhr fing er sie beim Friedhof in Kelheim ab und vereinbarte ein Treffen für den Abend um 7 Uhr an der Donau in Herrnsaal, unweit des Wagnerschen Anwesens. Der kleine Ort liegt nahe am Fluß, und vom letzten Haus des Dorfes zum Wasser sind es kaum mehr als 100 Schritte.

Bevor die Walburga Süß die fünf Kilometer nach Herrnsaal zurückradelte, machte sie auf halber Strecke einen Abstecher zu ihren Eltern in Kelheimwinzer. Auch ihrer Mutter hatte sie die angebliche Vergewaltigung als Grund für ihre Schwangerschaft angegeben. Am Abend begab sich Burgl zum Treffpunkt hinunter an die Donau. Sie hatte sich eine warme Weste übergezogen und den Kopf in ein großes wollenes Tuch gehüllt, denn es herrschten Minustemperaturen von etlichen Graden, und auch vom Wasser kam es ganz schön kalt herüber. Bierschneider war bereits angekommen. Hand in Hand schlenderten sie auf dem drei Meter hohen Uferdamm eine Strecke flußaufwärts und beredeten die mißliche Lage, in der sie steckten. In ihrer eingeschränkten geistigen Beweglichkeit sah die Burgl keine Pro-

bleme, das Kind zu bringen, und daß sie wegen der intimen Beziehungen bereits straffällig geworden waren, das berührte sie überhaupt nicht. Während Bierschneider fieberhaft überlegte, wie er sich die Burgl am schnellsten vom Hals schaffen könne, erzählte diese ihm von ihrem Tagesablauf. Plötzlich blieb sie stehen und wandte sich ihm von vorne zu. „Oh Gott, oh Gott! Jetzad strampelt's aber wieder." Behutsam und dabei fröhlich lachend führte sie eine seiner Hände an den vorgewölbten Bauch, ließ ihn tasten, wie lebhaft der kommende Erdenbürger sich schon gebärdete.
Bierschneider verspürte im Hals ein Ameisenkribbeln. Mund und Kehle wurden trocken, aufkommender Ärger schlug um in unbändigen Haß. „Dieses Weib muaß verschwinden. Sofort. Ich ertrag' sie nimmer." Er packte die ahnungslose Burgl und stieß sie kopfüber in die Donau. Jedoch nicht weit genug. Nur wenige Meter wurde die Burgl abgetrieben, konnte sich dann am Uferrand festkrallen und aus dem Wasser herausziehen. „Um Gotteswillen, Du wuist mich umbringen", rief sie Bierschneider zu. „Tuas nöd, denk ans Kind. Du bist doch koa Mörder. Laß mich leb'n. Ich sog koan Menschen wos, was passiert is'", bettelte sie und begann dem Dorf zu um ihr Leben zu rennen. Er holte sie ein, warf sie erneut in den Fluß und wieder nicht weit genug. Der Burgl gelang es abermals, an Land zu kommen. Da stieß er die vor Kälte und Todesangst Zitternde zu Boden. Wieder flehte sie ihn an, um beider Mutter willen sie nicht umzubringen. Da legte er seine Hände um ihren Hals und drückte solange zu, bis er keine Reaktion mehr an ihr wahrnahm. „Diesmal wirst Du ersaufen", rief er aus, griff die Bewußtlose, schleifte sie hin ans Ufer, tauchte ihren Kopf ins und unter das Wasser und gab ihr dann einen festen Tritt. Regungslos sah er hinterher, wie die Fluten den leblosen Körper mitnahmen.
Das Schwurgericht beim Landgericht Regensburg verurteilte Franz Bierschneider am 10. April 1930 wegen Mordes zum Tode. Am 5. Juni 1930 durch Beschluß des Ministerrates des Freistaates Bayern zu lebenslangem Zuchthaus begnadigt, büßte er bis zum 22. Juni 1943 in einem bayerischen Zuchthaus und wurde dann an das Arbeits- und Erziehungslager (KZ) Mauthausen bei Linz/Österreich abgegeben. Dort verstarb er am 29. September 1943.

13. DER VERSCHMÄHTE HOCHZEITER

Zinzenzell, Bezirksamt Bogen

Landkreis Straubing-Bogen, Niederbayern

„Heßn Hans“ wurde der 25jährige Johann Zellerer genannt, als er im Frühjahr 1929 in Zinzenzell die 21jährige Therese Weber bei einer Hochzeitsfeier kennenlernte. Wie ein lange schon verliebtes Paar turtelten und scherzten sie auf dem Tanzboden. Als es Zeit war heimzugehen, sträubte sich die Theres nicht, den Hans in ihre Kammer mitzunehmen. Dies war der Anfang einer heftigen Liebschaft zwischen den beiden. Zellerer hatte nur noch Augen und Ohren für „seine Resl“, diese indes nahm es in der Folgezeit mit der unverbrüchlichen Treue nicht so bitterernst. Ihr war es weiterhin ganz recht, wenn auch andere Mannsbilder an ihr Kammerfenster klopften und Einlaß begehrten. Die Eltern der Theres, die Gütlerseheleute Weber in Zinzenzell, Gemeinde Falkenfels, kränkte das liederliche Leben der Tochter, sie konnten aber keinen günstigen Einfluß mehr auf sie ausüben. Zu Hause war die Resei, wie sie von den Eltern genannt wurde, zwar geduldet, wohlgelitten hatten sie weder Mutter noch Vater.

Johann Zellerer war Kraftwagenführer und für eine Firma als Ausfahrer sehr viel unterwegs. Ihm war öfter einmal zugetragen worden, daß die Theres nicht nur ihm, sondern sogar verheirateten Männern nebenher ihre Gunst schenkte. Bis über beide Ohren in die Resl verschossen, glaubte er solchen Reden nicht. Einfältig, auch ein wenig tolpatschig im Umgang mit Menschen, vermutete er stets, man wolle ihm sein „Gspuserl“ nur abspenstig machen. Selbst der Umstand, daß die Theres bereits ein lediges Kind ohne einen bekannten Vater hatte, ließ ihn noch an ihre Tugendhaftigkeit glauben. Am 2. Mai 1932 gebar die Weber ein zweites Kind unehelich, zu dessen Vaterschaft sich Zellerer sogleich bekannte. Daraufhin versprachen sie einander, bei nächster Gelegenheit zu heiraten.

Als Ausfahrer bekam Zellerer nicht nur festen Lohn vom Arbeitgeber, er fuhr auch ansehnliche Trinkgelder ein, die Kunden ihm gaben. Spar- und genügsam in seiner Lebensweise, konnte er Mark um Mark auf die hohe Kante legen. Er steuerte zum Unterhalt für sein Kind kräftig bei und geizte auch nicht mit Geschenken an die Theres.

Anfang 1934 begann Zellerer erstmals an Theresens Treue zu zweifeln. Immer öfter machten die Mannsbilder am Biertisch zweideutige Bemerkungen über die Weber Resl: „Die Resl nimmt's, wieas kemman. Ledig oder verheirat', sie macht koan Unterschied."

In Zellerer kochte und brodelte es. Er wußte mit einem Male nicht mehr ein noch aus. Das konnte doch nicht wahr sein, was über die Resl gesprochen wurde. Von ihr selber mußte er hören, ob der üble Tratsch stimme. Als er sie deshalb zur Rede stellte, giftete die Theres ihn an: „Laß' dö nimmer bei mir blicka, du Habenichts." Zornesröte trat in sein Gesicht.

Johann Zellerer begann zu kränkeln und mußte schließlich wegen eines Nierenleidens ins Krankenhaus nach Mitterfels. Viele Briefe schrieb er während der 26 Wochen seines dortigen Aufenthaltes an die Theres, nicht eine einzige Antwort erhielt er darauf. Theres hatte Zellerer aus ihrem Gedächtnis verbannt, ein anderer Liebhaber war in ihr Leben getreten. Im Juli 1934 fing sie ein Verhältnis mit dem Gütlerssohn August Bruckbauer an, der ihr schon nach kurzer Zeit das Eheversprechen gab. Ihn hatte sie dem Zellerer vorgezogen, der nichts Eigenes besaß, beim Bruckbauer aber wollte sie selber Gütlerin werden.

Zellerer erfuhr von der Heiratsabsicht der Theres. Mit allen ihm geeigneten Mitteln versuchte er eine Verehelichung zu hintertreiben. Er schrieb an Bruckbauer, schilderte ihm, welch sittenloses und unchristliches Leben die Theres geführt habe, und dieser selbst ließ er im August bestellen, daß es zur Heirat mit einem anderen nicht kommen werde. Er forderte Theres auf, ihm alles zurückzugeben, was er ihr geschenkt habe, andernfalls verlange er das Geld dafür. 700 Mark seien seine Geschenke wert. In einem Brief beschwor er den Bürgermeister, die von der Weber Theres in Aussicht genommene Heirat mit dem Bruckbauer zu verhindern, weil das Luderweib diesen ins Unglück stürzen werde. „Das Mensch will nur sein Sach', und dann hintergeht sie ihn. Mei Goid hod's a g'nomma, und nachat hod's mi allaweil betrog'n."

Bekannten gegenüber äußerte Zellerer: „Mia liegt am Leben nix mehr. Wenn i aus'm Krankenhaus hoam kimm, erwisch' i dös Weiberts scho, nachat bleibt's ma in dö Händ'." Diese gegen das Leben der Theres ausgestoßene Drohung hatte niemand ernst genommen, sie nur als dummes Geschwätz eines verschmähten Hochzeiters abgetan. Am 16. November 1934 verließ Zellerer das Krankenhaus in Mitterfels mit dem Wissen, daß am 28. November die Weber Theres und der Bruckbauer August Hochzeit halten werden. Er ging zu Fuß heim nach Pilgramsberg. Nicht nur während des langen Weges, sondern auch die Tage danach beschäftigte ihn nur der Gedanke, wie er die Heirat vereiteln könne. Unbarmherzig nagte die Eifersucht in seinem Herzen. „Wenn scho i die Resl nöd krieag'n kann, a anderer braucht sie a nöd." Er beschloß, die Theres „wegzuräumen".

Am 21. November 1934 holte er aus dem Anwesen seines Verwandten Jakob Fuchs in Pilgramsberg ein griffestes, scharfgeschliffenes Messer, mit welchem er die Weber zu töten gedachte. Ehe er sich auf den Weg zum Gütleranwesen Weber machte, ging er noch in die Kirche. Weil der Pfarrer gerade Beichtsitzung abhielt, nahm Zellerer die Gelegenheit zur Seelenreinigung wahr und kommunizierte anschließend. Dann ging er nach Zinzenzell.

Der Tag war nebelig mit feuchter, naßkalter Luft, die nicht nur in die Ritzen von Mauern, sondern auch in die Kleider drang. Stundenlang trieb Zellerer sich bei diesem Miesewetter in der Gegend herum, bis er schließlich den Zeitpunkt gekommen sah, sich an das Weberanwesen heranschleichen zu können. Dieses lag etwas abseits des Ortes auf einer kleinen Anhöhe, und es war nicht schwer gewesen, ungesehen dorthin zu gelangen. Vor dem Haus, hinter einem Baum stehend, wartete er frierend auf einen günstigen Augenblick, unbemerkt ins Haus und in die Kammer von Theres zu kommen. Er kannte sich gut aus, wußte, wo Theres schlief, denn er hatte oft genug bei ihr genächtigt. Durch das Fenster zur Wohnstube erkannte er im Schein einer Petroleumfunsel drei Menschen. Es war die Theres mit ihren Eltern. Sie saßen am Tisch und löffelten Milchsuppe aus einer größeren hölzernen Schüssel. Zellerer nutzte diesen Umstand für sich. Gleich einem Schatten huschte er durch die halb offenstehende

Haustür hinein in die Fletz und von dort in die ebenerdig gelegene Schlafkammer der Resl. In voller Kleidung legte er sich aufs Bett und wartete auf das „treulose Weiberts". Das Messer, welches er nicht in einer Messerscheide, sondern lose mit der Klinge nach oben in der Hosentasche trug, richtete er sich griffbereit zurecht.

Ahnungslos trat die Theres nach dem Abendessen in die Kammer, wo bereits der lauernde Tod die Hand nach ihr ausstreckte. Sie verspürte einen Stich in den Arm, mit dessen Hand sie die sich nur nach innen zu öffnende Tür aufgemacht hatte. Jemand zog sie in den Raum tiefer hinein und schloß die Türe. Dann prasselten Schläge und Stiche auf sie nieder. Der zunächst Unbekannte hatte rasch hintereinander mit dem Messer auf sie eingestochen. Da erkannte die Theres plötzlich den Zellerer. Gellend schrie sie um Hilfe. „Muatta, Muatta, hilf. Da Heßn Hans is' gwen. Der hod mi g'haut." Die Mutter rannte zur Kammer und stieß mit dem Fuß die Türe auf. Blutend fiel ihr die Theres entgegen. Unentwegt schrie sie: „Der Heßn Hans is' gwen." Der Vater eilte herbei, schloß die stark blutende Tochter in die Arme. Diese sah ihn mit weit aufgerissenen Augen an und stammelte: „Vadda, muaß i jetzat sterb'n?" Behutsam trug der Mann die Blutüberströmte hin zum Kanapee, legte sie darauf und schob ihr ein Kissen unter den Kopf. Er begann bitterlich zu weinen. Die Theres gab nur noch schwache Lebenszeichen von sich, der Vater wußte, es gab keine Rettung mehr. In wenigen Minuten war die Resei verblutet.

Johann Zellerer, schwankend im Fieberwahn zwischen Liebe und Haß, befallen von einer ungezügelten Eifersucht, war zum Mörder geworden. Er hatte nach der Tat das mittlere Holzkreuz aus dem Fensterstock gerissen und war geflohen. Zwei Tage und Nächte irrte Zellerer umher. In völlig verwahrlostem Zustand tauchte er am 23. November bei einem Vetter in Pilgramsberg auf, der mit Einwilligung des Flüchtigen die Gendarmerie in Ascha verständigte.

Am 21. Februar 1935 verurteilte das Landgericht Regensburg Johann Zellerer wegen Tötung der Gütlerstochter Theres Weber, geboren am 7. April 1908 in Zinzenzell, zu acht Jahren Zuchthaus und erkannte ihm die bürgerlichen Ehrenrechte auf fünf Jahre ab. Am 29. April 1935 starb Johann Zellerer im Zuchthaus Straubing.

14. DER SCHULDENBERG

Viechtach

Landkreis Regen, Niederbayern

Vor mir liegen die „Akten des Königlichen Untersuchungsrichters beim Landgericht Deggendorf“ gegen

Bradl Carl – Sattlermeister von Viechtach
Bradl Max – Sattlerssohn und Schneider von Viechtach
Bradl Adolf – Sattlerssohn von Viechtach
Bradl Josefa – Sattlermeistersehefrau von Viechtach
Bradl Maria – Sattlerstochter von Viechtach

ad 1 und 2 wegen Raubmords
ad 3 und 5 wegen Begünstigung und
ad 4 wegen Begünstigung und Hehlerei

verhaftet:

ad 1 und 2 am 23. Dezember 1902
ad 3 am 25. Dezember 1902
ad 4 und 5 am 5. Januar 1903

Kgl. Untersuchungsrichter	*Stellv. Untersuchungsrichter*
Welzhofer	*Zintgraf Kgl. LG-Rat*

Ich schnüre das dicke Bündel in tiefrotem Einband auf und blättere in meist doppelseitig beschriebenen, teilweise stark zerfledderten fast tausend Blatt Papier. Mich erstaunt es, wie akribisch und gestochen in Sütterlinschrift Gendarmen, Staatsanwälte, Gerichtsschreiber, Richter und andere Amtspersonen ihre Erkenntnisse und Bewertungen, Nachweise, Beweise und Urteile aktenkundig gemacht haben. Da viele Schriftstücke von alters wegen schon gebleicht, vergilbt und verschwommen sind, bedarf es einer Handlupe, um die Inhalte richtig erfassen und wiedergeben zu können.

Nach stunden- und tagelangem Einlesen habe ich es zuwege gebracht, aus einem schriftsprachlichen Gewirr von Vermutungen und Meinungen, von Ansichten, Verdächtigungen und Verleumdungen Wesentliches vom Unwesentlichen zu trennen und die Wahrheit herauszufinden.
Pünktlich wie jeden Tag war der Adjunkt des Königlichen Bezirksamtes zu Viechtach am 1. Dezember 1902 in die Kanzlei gekommen. Er hatte noch nicht einmal die Ärmelschoner übergezogen, als es schon an der Türe klopfte. Von so einem frühen Einlaßbegehren überrascht, brummte er ein unwirsches „Herein". Ins Zimmer traten zwei Männer. Sie meldeten ihren Neffen als abgängig. Mit einer devoten Verneigung bat der kgl. Amtsgehilfe, ihm nähere Einzelheiten zu sagen, er werde dann ein „Referendum" (einen Bericht) erstellen und der Gendarmerie zuleiten.
Der Kanzleischreiber brachte zu Papier:
„David Bermann, 22 Jahre alt, Geschäftsreisender aus Gunzenhausen, dem mosaischen Glauben angehörig, soll vom 17. auf 18. November ds. Jhrs. in der Gastwirtschaft zur neuen Post übernachtet und am 18. um 9 Uhr vormittags diese verlassen haben mit dem Bemerken, nach Kollnburg zu gehen und zum Mittag wieder zurück zu sein. Im Gasthaus zur neuen Post ist er aber nicht mehr erschienen.
Bermann habe bei Kunden Geld einkassiert und müsse circa 300 bis 400 Mark bei sich gehabt haben. Ein Verbrechen an ihm wird nicht ausgeschlossen. Daß er eine Vergnügungstour unternommen habe und dabei verunglückt sein könnte, wird für unwahrscheinlich gehalten, weil er ein zuverlässiger junger Mann gewesen und für das elterliche Geschäft gereist sei. Er wird vermißt. Die Kaufleute Hermann Schülein und Viktor Neuburger aus Regensburg halten sich gegenwärtig im Gasthaus zur neuen Post auf, setzen bis zu 200 Mark Belohnung aus für die Auffindung des vermißten Neffen oder für geeignete Hinweise auf seinen Verbleib. "
Diese Niederschrift nahm den offiziellen Dienstweg über den Bezirksamtmann, der anordnete, die Gendarmerie habe mit allen Mannen Recherchen sofort zu pflegen, damit der Verschollene auffindbar werde.

Die Gendarmeriebrigade Viechtach stellte in einem Ermittlungsbericht am 3. Dezember fest:

„Der Geschäftsreisende David Bermann aus Gunzenhausen war am 17. November nach 8 ½ Uhr abends mit dem letzten Zug der Lokalbahn Gotteszell – Viechtach in Viechtach eingetroffen und übernachtete im Gasthaus zur neuen Post. Am 18. vormittags kassierte er bei den Sattlermeistern Karl Bradl und Peter Ludwick Gelder aus offenstehenden Rechnungen ein. Bradl schuldete 286 Mark, Ludwick 52 Mark. Bradl hatte aber nur 200 Mark bezahlt.

Bermann ging gegen 9 Uhr vom Gasthaus weg mit den Angaben, er wolle nach Kollnburg und sei bis um 1 Uhr wieder zurück. Er war auch dorthin gekommen und am Frallinger'schen Bräuhaus vorübergegangen. Den Bräumeister Scherer fragte er nach Schuhmachern, hat dann aber Kollnburg wieder verlassen, ohne einen der drei ortsansässigen Schuhmacher aufgesucht zu haben. Die Gütlerin Schotterer sah den Fremden und bezeugt, daß der Mann nicht richtig sei und mit gesenktem Haupte ganz tiefsinnig des Weges ging."

Die Gendarmerie hatte mehrmals bei Bradl nachgefragt, ob dort eventuell bekannt sei, wo Bermann sich befinden könnte. Jedesmal wurde dasselbe vorgebracht: Bermann sei am 18. November vormittags zu ihnen gekommen, Karl Bradl habe ihn in das Zimmer hinter den Laden geführt, ihm 200 Mark ausgezahlt und sich dieses quittieren lassen. Bradl besaß eine Rechnung, auf welcher David Bermann den Empfang des Betrages dankend bestätigt hatte.

Ein direkter Tatverdacht gegen Bradl bestand dazumal nicht, weder Karl Bradl noch seine Söhne Max und Adolf waren bis dahin straffällig und gerichtsbekannt. Die ermittelnden Beamten gaben sich mit dem zufrieden, was Bradl ihnen erzählte. Das Verschwinden des David Bermann hatte sich in der Marktgemeinde sehr schnell herumgesprochen. Personen, die Bermann kannten, vermuteten, er sei in ein galantes Abenteuer hineingeraten und halte sich bei irgendeiner Frauensperson auf, andere wollten davon gehört haben, daß ein Verwandter von Bermann namens Grünhut aus Cham verlauten ließ, David sei nicht „ganz richtig" und schon mehrmals abgängig gewesen, einmal sogar einige Monate. Grünhut erklärte der Gendarmerie

in Cham, nie und nimmer eine derartige Äußerung gemacht zu haben.
Die Ermittlungen gerieten ins Stocken, und auch die zuständige Staatsanwaltschaft in Deggendorf trat auf der Stelle. Dennoch ging man davon aus, daß Bermann getötet und beraubt worden sei.
Hinter vorgehaltener Hand tuschelten die Leute in Viechtach bald, es könne ohne weiteres möglich sein, daß die Bradl'schen mit dem Verschwinden des Bermann etwas zu tun hätten. Das Sattlergeschäft bringe nicht viel ein, und in der großen Familie müßten viele Mäuler gestopft werden. Der älteste Sohn Max, lange Zeit auf Wanderschaft, war heimgekehrt, und Anna, eine jüngere Tochter, sah man auch wieder daheim. Anna hatte ihre Stellung in Frankreich verloren, nachdem sie von ihrer Herrschaft beim Stehlen erwischt worden war. Die beiden Heimkehrer waren mittellos und ohne Verdienst, darauf angewiesen, von den Eltern „durchgefüttert" zu werden. Da auch noch offenkundig geworden war, daß Karl Bradl wegen zweier verlorener Zivilprozesse tief in Schulden steckte, konstatierten die Leute ein Motiv aus der Not geboren, für viele hatten die Bradls den Bermann „durchigetan".
In der Gegend von Viechtach trieb zur selben Zeit die Bande des Josef Schmaderer aus Achslach ihr Unwesen. Mehrere Einbrüche und Diebstähle kamen auf das Konto von Josef Schmaderer, Ignaz Schmaderer, Michael Hammerl, Max Schamberger und Simon Ostermeier. Als Josef Schmaderer am 23. November 1902 in München beim Absetzen von Diebeswaren von der Polizei gestellt und festgenommen wurde, flog die Bande auf, und sämtliche Mitglieder wanderten nach und nach ins Gefängnis. Da nachweislich sowohl am 17. wie auch am 18. November in Viechtach noch Straftaten von Schmaderer und Genossen verübt worden waren, gerieten diese in den Verdacht, in die Vermißtensache Bermann verwickelt zu sein. Zur Sichtung sichergestellten Diebesgutes beorderte die Staatsanwaltschaft Deggendorf den Vater von David, Bernhard Bermann, von Gunzenhausen nach München ins Polizeipräsidium. Unter den aufgelegten, gestohlenen Gegenständen befanden sich keine Effekten von David Bermann.

Um nicht gänzlich untätig zu bleiben, entschloß sich die Staatsanwaltschaft Deggendorf am 6. Dezember 1902 zu einer Anweisung an die Gendarmerie in Viechtach, die Suche nach der Leiche Bermann eifrigst fortzusetzen und dabei auch das Terrain am Baierweg und Prackenbach zu in Betracht zu ziehen. Die Gendarmeriebrigade Viechtach hatte ohnehin mit allen verfügbaren Kräften und zusammen mit Zivilpersonen mehrere erfolglose Suchaktionen in den Waldungen um Viechtach und auch im freien Gelände vorgenommen, so daß es der staatsanwaltschaftlichen Weisung gar nicht bedurft hätte.

Unerwartet schien sich das Geheimnis um David Bermanns Schicksal zu lüften. Der „Grenzbote im Unteren Bayerischen Wald" in Wegscheid brachte am 17. Dezember eine Zeitungsmeldung, wonach er von einem Leser aus Wels/Österreich die Mitteilung erhalten habe, Bermann sei am 9. Dezember etwa um halb 9 Uhr in der Frühe am Kaiser-Joseph-Platz in Wels bestimmt von der Frau des Abonnenten Franz Reischl aus Rosenau bei Wels gesehen worden, als er dort zur Bahn ging. Der Grenzbote hatte einige Tage zuvor über das Verschwinden von Bermann berichtet und die Leser aufgerufen, Hinweise an den Grenzboten zu melden. Gendarmeriewachtmeister Paulus Bauer von der Gendarmeriebrigade Viechtach vermerkte später in seiner Dienstkladde:

„Die auf den Artikel des Grenzboten hin alarmierte Gendarmerie in Wels pflog sogleich Recherchen, sie waren alle im Sande verlaufen."

Die im Hause Bradl logierende Taglöhnerin Therese Altmann beobachtete am 18. November vormittags etwas, was sie seitdem unentwegt beschäftigte. Als sie erfuhr, daß nach dem Reisenden Bermann gesucht werde, sah sie diesen vor ihrem geistigen Auge noch einmal über den Bradl'schen Hofraum mit Karl Bradl gehen, und sie ahnte, was damals in der Werkstätte des Bradl geschehen sein könnte. Therese Altmann ging am Abend des 22. Dezember 1902 zur Gendarmerie, um sich ihr Wissen von der Seele zu reden. Wachtmeister Paulus Bauer protokollierte:

„Am 18. November, es war der Donnerstag, so gegen 9 Uhr am Vormittag habe ich mich ans Fenster gestellt und auf den Hof hinausgeschaut.

Da gibt's manchmal was zum Schaug'n. Da seh' ich grad, wie der Bradl senior mit einem Mann übern Hof in seine Sattlerwerkstatt geht. Max, der älteste Bua war schon in der Werkstatt drinnen. Mich hat dös interessiert, wer der Fremde is, und ich bin vor die Türe der Werkstatt ganga. Da hör' ich auf einmal ein Geräusch und Gerumpel, als wenn zwoa oder drei Mann raufen täten. Irgendwer röchelt und rässelt, wie wenn er ersticken tät. Ich ging zur Josefa, am Karl Bradl seine Frau, und sag zu ihr: ‚In der Werkstatt drinnen da rauft wer.' Die Josefa erwiderte: ‚Da is höchstens der Jud' hint'n, der macht immer so Spassettln, oder der Vater hat am Max wieder amoi oane g'schmiert.' Da ging ich wieder in meine Behausung und ans Fenster, weil's mich interessiert hat, was noch g'schieht. In d'Werkstatt hab' ich eini schaun können. Da is' mir vorkommen, als wenn eine Mannsperson am Boden liegt, weil ich Füß' mit schwarzen, gewichsten Schuhen g'seh'n hab'. Den Mann, es ist der Reisende Bermann g'wesen, den hab' ich aus der Werkstätten nimmer raus kommen sehen. Auch haben die zwei Bradl keine schwarzen Halbschuhe angehabt, wie sie aus der Werkstätte herausgekommen sind. Kurz darauf ist der Max mit einer Körbe in die Werkstätte gegangen, hat sich dort kurz aufgehalten und hat die Körbe bei der Rückkunft in den Hofraum auf einen dort befindlichen Wagen gestellt und zugedeckt. Dieser Wagen ist von den beiden Bradl sogleich in den außerhalb des Marktes befindlichen Stadel verbracht worden."

Am 23. Dezember durchsuchten Beamte der Gendarmeriebrigade Viechtach Anwesen und Stadel der Bradl'schen Sattlerei. Sie fanden vor: frisch ausgeweißte Wände in der Werkstätte, Blutspuren an der Wand am oberen Ende der Stiege im II. Stock, an der Wand auf dem Gang vor der Werkstätte, im Stadel an der Stadeltüre, an der Graskirm und auf dem Brett des Fuhrwerkwagens. Auf dem Boden in der Werkstätte zeichnete sich ab, daß Blutflecken beseitigt worden waren. Die Beamten stellten sämtliche Beweisstücke sicher.

Die Aussagen von Therese Altmann und die vorgefundenen Spuren erhärteten den Verdacht gegen Karl und Max Bradl, David Bermann umgebracht, beraubt und anschließend mit einem Fuhrwerk weggeschafft zu haben. Beide wurden vorläufig festgenommen und ins Amtsgerichtsgefängnis Viechtach eingeliefert. Nunmehr galt es, ih-

88

Nr. 1722.
Gendarmeriebrigade Viechtach. 39 Viechtach, 23. Dezember 1902.
[illegible]

Betreff: Verschwinden des ledigen Reisenden David Baermann von Gunzenhausen

Zufolge an hergelangten Telegramms bringe ich dem Herrn Staatsanwalte die Gründe, welche zur Verhaftung der beiden Bradl führten, dienstlich zur Anzeige:

Gestern abends 8½ Uhr machte mir die verh. Taglöhnerin Therese Altmann, welche sich bei J. Bradl in Logis befindet, die Mitteilung, daß sie am kritischen Tage vor ihrem Wohnzimmerfenster gestanden sei und gesehen habe, wie sich Bradl sen. mit einem Reisenden durch den Hofraum in seine Sattlerwerkstätte begeben habe.

Dessen Sohn Max Bradl habe sich bereits in gen. Werkstätte befunden.

Kurz darauf habe sie in dieser ein Geräusch und Gewinsel gehört als wenn zwei oder drei Männer raufen thäten.

Hierauf habe sie sich sofort vor die Thüre gen. Werkstätte begeben und habe in dieser ein schwaches Röcheln und Räffeln gehört als wenn jemand am Ersticken wäre, weshalb sie sich in die Wohnung der Ehefrau des J.

An den Herrn I. Staatsanwalt am K. Landgerichte Deggendorf.

Abb. 15: Wachtmeister Paulus Bauer protokollierte auf mehreren Seiten, was Therese Altmann über den Vorfall im Bradl'schen Anwesen wußte (hier ein Auszug).

nen ein Geständnis abzuringen und die Leiche zu finden. Beide Bradl bestritten entschieden die Tat. Steif und fest behaupteten sie, keiner von ihnen habe Bermann über den Hofraum in die Werkstätte im Rückgebäude geführt, ihm sei vielmehr der Betrag von 200 Mark im Laden ausgehändigt worden, und der Laden befinde sich im Haus neben der Küche.
Mit dem Wort „Rässeln“ im Vernehmungsprotokoll der Altmann vermochte der Amtsrichter nichts anzufangen. Bei der richterlichen Vernehmung der Altmann, die zur Festigung ihres Augenbeweises unter Eid geschah, ließ sich der Richter aufklären: „Ich hab' halt ein Gebelfere, Würgen, Raufen, Stöhnen und Ächzen g'hört, grad' so, wie wenn ein Mensch gedrosselt wird und nach Luft schnappt. Mir sag'n dazu einfach, jemand rässeln hören.“
Ein auch heute noch vielmals praktizierter Trick, einem Inhaftierten durch einen Zellengenossen ein Geständnis entlocken zu lassen, wurde angewandt. Max Bradl erhielt am Abend des 23. Dezember einen Zellenmitbewohner. Der wegen Unfugs in Strafhaft einsitzende Simon Hitzenbichler aus Unterried wurde in die Zelle von Bradl eingeschleust, um diesen auszuhorchen. Am anderen Morgen berichtete Hitzenbichler dem Amtsrichter (wörtlich wiedergegeben):
„Gestern abend um 10 Uhr bin ich zu dem Häftling auf Zelle Nummer 1 hineingesperrt worden. Wie ich hineinkam, räsonierte die Person und kritisierte. Das meiste verstand ich nicht, das Fluchen aber schon, weil dies recht laut war. Himmelherrgottkreuzangenagelter, wenn er nur herunterfallet, der Spitzbub, so fluchte er vor sich hin. Ich bezog die Lästerung auf unseren Herrgott. Mir grauste, so stark fluchte er. Ich fragte ihn, wo es ihm fehle, weil er gar so zornig ist, und warum er herinnen ist. Er erwiderte: Umbracht soll'n mir oan hob'n. Ich antwortete: Etwa vielleicht den Jud'n?, was er bejahte. Von dem Verschwinden des Juden haben wir alle im Gefängnis gewußt. Auf meine Frage sagte er nicht, daß er es gewesen ist, und nicht, daß er es nicht gewesen ist. Ich legte mich hin, um etwas zu schlafen. Da hörte ich ihn einmal halblaut vor sich hinreden: Wenn nur ich mich von der G'schicht hätt' in Arsch lecken lassen und wäret fort. Er kritisierte die ganze Nacht, verstanden habe ich je-

doch nichts mehr. Er wälzte sich auf seinem Lager herum. Geschlafen haben wir beide nicht wegen seines Gebarens.
In der Frühe fragte ich ihn wieder, er redete mit mir nur, wenn ich fragte. Ich sagte, wieviel er denn meine, daß er bekomme, da entgegnete er, entweder Kopf ab oder gar nichts. Ich meinte, so weit werde es nicht fehlen, da erwiderte er ganz bedrückt: vielleicht daß er doch nur zehn oder zwölf Jahre bekäme. Dann rief er ganz laut: Lieber, daß sie mich zehn oder zwölf Jahre einsperren, lieber Kopf ab!"
Mit der gleichen List wurde in der nämlichen Nacht an Karl Bradl herangegangen. Ihn brachten die Gefängniswärter in die Zelle des wegen Körperverletzung inhaftierten Alois Geiger aus Achslach. Dieser sagte anderntags dem Amtsrichter (wörtlich):
„Gestern nacht wurde zu mir in die Zelle Nr. 4 eine Mannsperson hineingebracht, welche in der Finsternis immer rief: Max, Max! Da antwortete ich ihm, wer ich sei, und er sagte mir, daß er der Sattler von Viechtach sei und daß er zusammen mit seinem Buben einen umbracht haben soll. Er sagte noch: Wenn ich etwas hätt', tät ich mich derschieß'n!"
Dem Amtsrichter am kgl. Amtsgericht zu Viechtach reichten nunmehr die Beweise aus, um am 26. Dezember 1902 gegen Karl und Max Bradl Haftbefehl wegen dringenden Verdachts des Mordes und des erschwerten Raubes zu erlassen. Dr. Frantz überließ die weitere Bearbeitung des Falles nun dem Untersuchungsrichter in Deggendorf. In vielen Verhören hatten sich Karl und Max Bradl so tief in Widersprüche verwickelt, daß sie die Ausweglosigkeit ihrer Situation erkannten und Geständnisse ablegten. Max zuerst.
Er versuchte, die Tat als einen Unglücksfall darzustellen. Der Sturz über einen Schemel nach einem Stoß gegen die Brust habe David Bermann das Genick gebrochen, gab er zur Niederschrift. Aus Angst und Verzweiflung hätten er und Vater beschlossen, die Leiche heimlich beiseite zu schaffen. In dieser Phase des Verhörs hielt er seinen jüngeren Bruder Adolf noch aus der Sache heraus, obgleich sich dieser lediglich nur wegen Begünstigung schuldig gemacht hatte. Adolf half Max, den Getöteten aus der Werkstätte wegzubringen. Am 25. Dezember korrigierte Max jedoch sein Geständnis vom Vortag, räumte ein, zusammen mit dem Vater nach Absprache den Bermann

vorsätzlich ermordet, beraubt und dann mit dem Bruder Adolf in den Stadel verbracht zu haben.
Max Bradl, ältester Sohn und eines von zehn Kindern der Sattlermeisterseheleute Karl und Josefa Bradl, wurde am 12. Oktober 1880 in Viechtach geboren. Nach erfolgreichem Schulabschluß ging Max in die Lehre, um Schneider zu werden. Seine Gesellenzeit verbrachte er, wie das damals Brauch war, als Handwerksbursche auf der „Walz". Irgendwann packte ihn das Heimweh, er brach das unstete Wanderleben ab und kehrte Ende Mai 1902 nach Viechtach zurück. Seit einem halben Jahr war er wieder zu Hause, als ihn der Vater über den miserablen Geschäftsgang der Sattlerei ins Bild setzte. In diesem Gespräch sparte der Vater auch die hohe Verschuldung nicht aus, die auf dem gesamten Anwesen lastete. Er sprach von einer drohenden Versteigerung und machte nicht zuletzt auch den Lederwarengrossisten Bernhard Bermann aus Gunzenhausen für die mißliche Lage mitverantwortlich.
Etwa um den 10. November herum hatte der Geschäftsinhaber Bernhard Bermann brieflich angekündigt, sein Sohn und Geschäftsreisender David Bermann werde in den nächsten Tagen vorbeikommen, um das Geld für noch nicht bezahlte Rechnungen abzuholen. Bradl besaß aber kein Bargeld. So sagte Karl Bradl zum Sohn Max: „Hilfst mir, den Bermann durchizutun?" Max empfand diese Worte wie einen Keulenschlag. „Ist's Dir wirklich ernst?" fragte er zurück. Der Vater sah ihm fest in die Augen und nickte. Dann erläuterte er seinen Plan. Er werde sich von einem bekannten Bauern das Geld leihen und den Bermann auszahlen. Sobald dieser das Geld einstecke, müsse dieser überfallen werden. „Da findet sich dann noch mehr Geld in den Taschen des Jud'n", fügte er hinzu. „Der hat immer viel Geld bei sich."
Als Kind hatte Max es gelernt, folgsam und dem Vater behilflich zu sein, wenn dieser seine Unterstützung brauche. „Ich muß ihm helfen", dachte Max. „Ja Vater, ich helf Dir." Jetzt konnte er dem Vater zeigen, wie dankbar er sei, als mittel- und arbeitsloser Schneidergeselle ohne Aussicht auf ein baldiges, regelmäßiges Einkommen im Elternhaus geduldet zu werden. Sein aufgebrachtes Gewissen beru-

higte Max mit dem Glauben, daß es doch nicht zur Tat kommen werde. Doch am 18. November erschien gegen 9 Uhr der 22jährige David Bermann im Hause Bradl. Der Sattlermeister Karl Bradl gab seinem Sohn Max einen Wink, und dieser ging daraufhin in die Werkstätte. Es war vereinbart, den Bermann dorthin zu locken, ihn umzubringen und auszurauben. Karl Bradl und der Reisende Bermann gingen über den Hof ins Rückgebäude, wo sich die Werkstätte befand. Während der Überprüfung noch offenstehender Rechnungen verlangte der junge Bermann, Bradl solle eine neue Lederbestellung aufgeben. Dazu war dieser aber nicht willens, weil noch genug unverarbeitetes Sattlerleder vorhanden war. Da sagte David: „Wie ist's heut' mit'm Zahlen? Heut' muß ich Geld kriegen, und zwar alles, sonst werd' ich klagen." Bermann quittierte 200 Mark, die der Sattlermeister ihm auf den Tisch gelegt hatte. „Mehr kann ich nicht geben, ich habe nichts mehr", sagte Karl Bradl. Von dem Bauern, den er angepumpt hatte, bekam er nur diese 200 Mark und mußte dafür das Versprechen abgeben, dafür 30% Zinsen zu zahlen.

David Bermann steckte das Geld ein. In diesem Moment ging Max auf ihn zu, versetzte ihm einen Schlag auf die Brust, und David stolperte über einen hinter ihm stehenden Schemel. Er fiel zu Boden und schlug mit dem Hinterkopf auf. Aus einer Platzwunde sickerte Blut und spritze auf den Fußboden. Karl Bradl griff dem Verletzten an die Gurgel und drückte zu. Dann kniete Max sich auf das Opfer, würgte es mit festem Griff, bis es blau anlief. Der Vater holte inzwischen einen Strick von der Wand und reichte ihn an Max weiter. Dieser knüpfte eine Schlinge, der Vater hob den Kopf des bereits Bewußtlosen hoch, und Max zog ihm den Strick über den Kopf zum Hals hinunter. Gemeinsam zogen sie die Schlinge zu, bis Bermann tot war. Dann plünderten sie den Leichnam, zerrten diesen unter ein an der Wand stehendes Kanapee und legten eine „Blaache", eine Lederplane, davor. Der Tote sollte nicht gleich entdeckt werden, wenn überraschend jemand in die Werkstätte gekommen wäre.

Im Geldbeutel, den Max ihm aus der Hosentasche gezogen hatte, befanden sich 400 Mark, im Anzugwestentascherl steckte eine Sprungdeckel-Taschenuhr, angehängt an eine silberne Uhrkette. Uhr und

Kette erhielt Max als Anteil für seine Hilfe. Den Hut von Bermann steckten sie in die innere Tasche seines Überziehers, den Regenschirm schoben sie ihm unter die Weste hindurch. Einen goldenen Ring, den David am Finger trug, beließen sie ihm, warum, das konnte hinterher keiner der beiden sagen.

Nach der Tat schlichtete Max gemeinsam mit seinem jüngeren Bruder Adolf im Hofe Holz auf. Er erachtete die Gelegenheit als günstig, ihn über das Vorgefallene ins Vertrauen zu ziehen. Seine Unterstützung brauchte Max zum „Verräumen" der Leiche. Der Bruder war entsetzt, sperrte sich aber nicht dagegen, beim Wegschaffen des Toten Hand mit anzulegen. Beide Brüder steckten am Nachmittag die Leiche in der Werkstätte in eine große Graskörbe (dem heutigen Sprachgebrauch entsprechend: Graskirm), trugen diese zu einem bereitstehenden Fuhrwerkswagen und luden sie auf. Zwei Kühe zogen den „Leichentransport" hinaus aus dem Markt auf eine Wiese, wo der Heu- und Strohstadel der Bradl'schen stand. Dort ließen sie den Toten in der mit einer Flache abgedeckten Graskirm zunächst stehen. Schon früh auf die Nacht, es war etwa 9 Uhr gewesen, holten Karl und Max die Leiche aus dem Stadel, trugen sie fort und entlang des „Alten Berges" bis zu einem toten Arm des Regens am Alten Berg. Dort war das Wasser sehr tief und nicht zugefroren.

Nach dieser Aussage holten die Gendarmen Adolf Bradl ab und steckten ihn wegen Begünstigung des Vaters und Bruders nach einem Verbrechen ins Gefängnis. Am 26. Dezember erließ der Amtsrichter Dr. Frantz auch gegen ihn Haftbefehl. Die Vernehmung des Sohnes Max wurde dem Vater vorgelesen. Als dieser die Eindeutigkeit der Aussagen nicht mehr hatte bestreiten können, legte auch er ein Geständnis ab.

Die Lederwaren für das Sattlergeschäft bezog Bradl vom Großhandel für Lederwaren aller Art für Sattler und Schuhmacher aus Gunzenhausen. Der Grossist Bernhard Bermann zeigte sich anfänglich äußerst kulant, verlangte nie sofortige Bezahlung seiner gelieferten Waren, berechnete jedoch für die Stundung geschmalzene Zinsen, die mit vertraglich vereinbarten Kautionszahlungen und Zinseszinsen peu à peu in die Höhe schnellten. Von Haus aus kein gewandter

Geschäftsmann, verlor Bradl alsbald die Übersicht und steckte Hals über Kopf in einem Schuldenberg. Er hatte bei seinen Abschlüssen mit Bermann unbeachtet gelassen, daß das Anwesen ohnehin bereits mit hohen Hypotheken belastet war:
1895 gewährte ihm die Bodenkreditbank in München eine mit 4% verzinsliche Hypothek von 5000 Goldmark mit einer Laufzeit bis Mai 1951;
1896 stockte die Bank um weitere 5000 Mark plus 500 Mark Verzugszinsen auf, wiederum zu einem Zinssatz von 4%;
1898 im April lieh sich Bradl vom Gastwirt Kasperbauer in Viechtach zu einem Zinssatz von 3,5% 6900 Mark.

Für Bradl waren mit einem Male die Schulden nicht mehr überschaubar gewesen. Immer neue und immer mehr Verzugszinsen und Kautionen für Neukredite waren hinzugekommen, die wiederum hoch verzinst werden mußten. 1901 hatte Karl Bradl in einer Güterteilungssache mit einem wohlhabenden Viechtacher Gastronomen zwei Zivilprozesse geführt und sie verloren. Das auf 20.000 Mark geschätzte Anwesen deckte nicht mehr die inzwischen auf 21.000 Mark angewachsenen Verbindlichkeiten. Und jetzt kam auch noch Bermann und wollte Geld.
Bernhard Bermann stand bei Sattlern und Schuhmachern schon lange im Verruf eines Halsabschneiders. Wenn er Bezahlung wollte, dann forderte er diese rigoros. Zumeist gipfelten seine Forderungen in der Drohung, den Schuldner versteigern zu lassen. Karl Bradl sah keinen Ausweg mehr, aus der Sackgasse, in die er sich durch leichtfertiges Schuldenmachen hineingeritten hatte, ungeschoren herauszukommen. Er beschloß, den jungen Bermann zu töten und ihm das mitgeführte Geld wegzunehmen. Karl Bradl gab zu, daß sich die Tat so zugetragen hatte, wie der Sohn Max sie schilderte. Auf die Frage des Untersuchungsrichters, warum er sich noch Geld borgte, um es dem David Bermann zu geben, wo er doch bereits dessen Tod und die anschließende Beraubung vorgesehen hatte, antwortete er: „Ich wollte von Bermann eine quittierte Rechnung als Zahlungsnachweis. Und die habe ich bekommen.“ Bradl beschaffte sich den Nachweis,

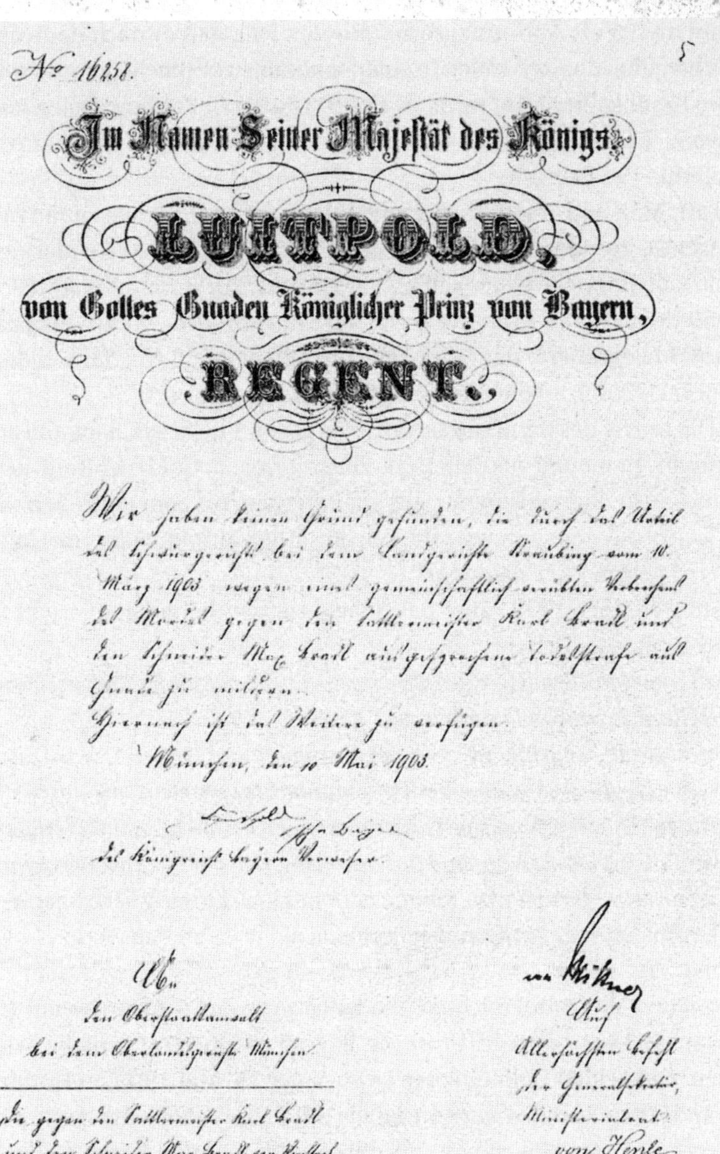

№ 16258. 5

Im Namen Seiner Majestät des Königs.

LUITPOLD,

von Gottes Gnaden Königlicher Prinz von Bayern,

REGENT.

Wir haben keinen Grund gefunden, die durch das Urteil des Schwurgerichts bei dem Landgerichte Straubing vom 10. März 1903 wegen eines gemeinschaftlich verübten Verbrechens des Mordes gegen den Sattlermeister Karl Bradl und den Schreiner Max Bradl ausgesprochene Todesstrafe aus Gnade zu mildern.

Hiernach ist das Weitere zu verfügen.

München, den 10 Mai 1903.

Luitpold Prinz von Bayern
des Königreichs Bayern Verweser.

v. Miltner

An
den Oberstaatsanwalt
bei dem Oberlandesgerichte München

Auf
Allerhöchsten Befehl
der Generalsekretär,
Ministerialrat
von Henle.

die gegen den Sattlermeister Karl Bradl und den Schreiner Max Bradl von Kirchroth ausgesprochene Todesstrafe betreffend.

Abb. 16: König Luitpold lehnte am 10. Mai 1903 ein Gnadengesuch von Karl und Max Bradl ab.

um diesen als Alibi einzusetzen für den Fall, daß er nach dem Verschwinden des Reisenden in einen schlimmen Verdacht geraten sollte. Bradl kalkulierte, wenn er einen quittierten Zahlungsbeleg vorweise, käme niemand auf die Idee, ihn mit einer Raubmordtat in Verbindung zu bringen.

Karl, Max und Adolf Bradl kamen dann ins Landgerichtsgefängnis nach Deggendorf. Einzeln und in Handschellen führten Gendarmen sie zum Bahnhof Viechtach und brachten sie in getrennten Abteilen mit dem Zug an ihren weiteren Verwahrungsort. Am 10. Februar 1903 telegrafierte der Stationskommandant Bachl von der Gendarmerie Miltach an die Staatsanwaltschaft Deggendorf:

„Die Leiche des Bermann David heute gegen 11 Uhr in Chamerau angeschwemmt und aus dem Regenflusse gezogen. Goldener Ring noch am Finger. Signalelement paßt auf Bermann. Bis zum Eintreffen der Gerichtskommission wird die Leiche aufbewahrt im Stadel des Müllers Speckner in Chamerau."

Am 10. März 1903 fällte das Schwurgericht beim Landgericht in Straubing die Urteile:

Karl und Max Bradl wurden wegen gemeinsamen Mordes und erschwerten Raubes zum Tode verurteilt.

Adolf Bradl, angeklagt wegen Begünstigung und Hehlerei, wurde nur wegen Begünstigung zu einer Gefängnisstrafe verurteilt, die durch die erlittene Untersuchungshaft abgegolten war. Der Anklagepunkt Hehlerei war fallengelassen worden. Für seinen Hut, der den Effekten Bermanns zugeordnet worden war, konnte er vom seinerzeitigen Verkäufer den rechtmäßigen Erwerb bezeugt bekommen.

Karl und Max Bradl reichten Gnadengesuche ein. Sie wurden am 10. Mai 1903 von Luitpold, Prinz von Bayern und Regent, zurückgewiesen. Die beiden Delinquenten starben am 15. Mai 1903 im Hof des Landgerichtsgefängnisses Straubing durch das Fallbeil des Nachrichters Franz Xaver Reichhart, unterer Beamter im Justizdienst (Gefängniswärter in München) und Nachrichter für Bayern. Er vollstreckte die Todesurteile mit der Fallschwertmaschine.

Als erster humpelte Max Bradl um halb 6 Uhr[4] in der Frühe in Begleitung der beiden Nachrichtergehilfen zur Richtstätte. Max war mit einem Klumpfuß zur Welt gekommen und stark gehbehindert. Zehn Minuten danach folgte sein Vater Karl. Beide gingen gefaßt und ohne fremde Hilfe zu ihrer Enthauptung. Um 6 Uhr 46 Uhr waren die Urteile vollstreckt.

Die Nachrichtergehilfen taten die Rumpfleichname in bereitgestellte Särge, den jeweiligen abgehackten Kopf legten sie auf die Brust des Hingerichteten. Josefa Bradl übernahm die sterblichen Überreste. Die Behörden hatten ihr die Erlaubnis für eine stille Beerdigung auf dem Straubinger Friedhof erteilt. Außer den nächsten Angehörigen durfte niemand bei der Beisetzung anwesend sein. Glockengeläute und priesterliches Gebet waren nicht erlaubt.

Die Hinrichtung der beiden Bradl war von der Staatsanwaltschaft mit großen Plakaten öffentlich gemacht worden.

BEKANNTMACHUNG
Durch rechtskräftiges Urteil des Schwurgerichts bei dem
K. Landgerichte Straubing vom 10. März 1903 wurden
Bradl Karl, geb. 15. März 1843, katholisch, verheiratet,
Sattlermeister in Viechtach,
und Bradl Max, geb. 12. Oktober 1880, katholisch, ledig,
Schneider in Viechtach,
je wegen eines von ihnen an dem Geschäftsreisenden David Bermann
von Gunzenhausen am 18. November 1902 in Viechtach verübten
Verbrechens des Mordes im rechtlichen Zusammenhange mit einem
Verbrechen des erschwerten Raubes mit dem Tode bestraft.
Die Hinrichtung des Karl und Max Bradl findet am Freitag, den
15. Mai 1903, vormittags 6 ½ Uhr im Hof des hiesigen Landgerichts-
gefängnisses statt.
Straubing, den 13. Mai 1903 Der K. I. Staatsanwalt Dünzl

15. 20 GLÄSER BIER

Mainburg

Landkreis Kelheim, Niederbayern

Gendarmeriebrigade Mainburg

Mainburg, 15. Juni 1906

An die Staatsanwaltschaft in Landshut

Betreffs eines Mordes in Mainburg

Heute früh gegen 5 Uhr wurde auf dem Fußwege von Lohmühle gegen Straßbauer zu eine Leiche mit abgeschnittener Kehle aufgefunden. Der dieselbe gefundene verheiratete Tagelöhner Bartholomäus Fleck von Lohmühle, wohnt im sogenannten Kirchbergerhäusl, ließ hierauf durch den verheirateten Inwohner Franz Heidersberger von Straßenbauer hiesige Gendarmerie verständigen, worauf sich zwei Beamte an den Tatort begaben. Sie stellten fest:

„Der Tote liegt mit auseinandergespreizten Beinen auf dem Rücken, der Kopf in einer großen Blutlache. Ein Messer steckt ihm in der rechten Brustseite, und ein gleiches liegt ca. 30 cm vom Kopfe enfernt. Desgleichen liegt etwas mehr als einen Meter weiter das abgetrennte Glied mit einem Hoden auf dem Wege. Andere Gebrauchsgegenstände liegen auch dort.

Die Weste und Joppe sind vorne offen, und man erkennt genau, daß das in der Brust steckende Messer erst nach dem eingetretenen Tod hinein gehauen wurde, denn das bloß liegende Hemd hat keine Blutspuren aufzuweisen. Auch die Abtrennung des Geschlechtsteils dürfte erst nach der Tötung vorgenommen worden sein, da dasselbe eine totale Blutleere aufweist.

Der Getötete ist der 1869 geborene Karl Mendl aus Berchtesgaden, der in letzter Zeit als Handlanger in Mainburg bei einem Baumeister beschäftigt war.“

Hinsichtlich der Täterschaft dieses scheinbaren Mordes oder Totschlags hat man nicht die geringste Spur. Es dürfte nicht ausgeschlossen sein, daß der Tat Geschlechtliches vorausgegangen ist und mög-

licherweise ein Frauenzimmer mit im Spiele ist. Andererseits könnte auch ein unsittlicher Verkehr zwischen dem Getöteten und dem Täter stattgefunden haben. Erwähnt sei noch, daß die auf dem Rücken liegende Leiche auf beiden Händen lag und die aufgefundenen Gegenstände sowie der abgeschnittene Geschlechtsteil derselben beigegeben wurden.
Euer Hochwohlgeboren, der Staatsanwalt, wird gebeten, gleich die Leiche zu besichtigen. Momentan wird sie bewacht.

Unterschrift
Kommandant

Alle gewonnenen Erkenntnisse führten zu dem Ergebnis, daß es sich um einen Sexualmord handle. Im Zuge der Ermittlungen stellten sich den Gendarmen Zeugen, die recht aufschlußreiche Aussagen machten. So bekundete ein Straßenwärter, der von dem Verbrechen gehört hatte: „Da hat er sich was Schönes eingefangen, der Graßl Franz. Diesmal kann er schön reinfallen." Eine Frau gab zu Protokoll: „Mein Mann hat vor einiger Zeit zu mir gesagt, wenn ich einmal Geld bei mir habe, wenn ich unterwegs bin, und wenn ich dann nicht mehr heimkomme, dann ist es der Graßl gewesen, der mich umbrachte." Ein weiterer Zeuge sagte aus: „Mir ist klar, Graßl bringt seine Eltern um und zündet das Haus an, wenn seine Schwester Katharina das Anwesen einmal kriegt." Und nicht zuletzt äußerte sich noch ein Dienstknecht aus Niederrummelsdorf, der am Tag des Leichenfundes um 8 Uhr früh mit seinem Veloziped in Richtung Au fuhr: „Der Graßl Franz von Mainburg hod den Mendl umgebracht." Solch eindeutige, belastende Bekundungen veranlaßten die Gendarmeriebeamten in Mainburg, ihre Ermittlungen gezielt auf Franz Graßl abzustellen. Der Mann war ihnen als „exzeßlustiger" Bursche und als gewalttätig bekannt. Sie wußten auch, daß er meistens betrunken war. Was sie noch nicht gewußt hatten: Graßl war homosexuell. War das das Motiv für die Tat?
Die Gendarmeriebeamten suchten Graßl in der elterlichen Wohnung auf, um erstmals sein Alibi zu überprüfen. Bei ihrem Erscheinen wurde er unsicher, errötete im Gesicht und blickte scheu um sich. Den

Beamten fiel das merkwürdige Benehmen sofort auf, und sie begannen eine Wohnungsnachschau nach Kleidungsstücken, die bei einer möglichen Tatbegehung blutbefleckt sein mußten. Hose und Joppe des Graßl hingen frisch gewaschen über der Ofenbank. Als die Beamten sie näher besahen, fing er an, stark zu zittern. An der Weste und am Hut fanden sich einige kleine Blutspritzer. Gummistiefel von ihm standen unter der Sitzbank, waren noch ganz naß und teilweise mit lehmiger Erde verschmutzt. Er sei auf dem Heimweg vom Wirtshaus infolge seiner starken Trunkenheit in die „Abens", ein kleines Flüßchen, hineingefallen, sagte er. „Vielleicht bin ich sogar hineingegangen. So genau kann ich mich nicht mehr erinnern nach 20 Halben Bier. Mein Gewand und die Schuhe werden deshalb dreckig sein", fügte er hinzu.
Die ermittelnden Beamten hatten keine greifbaren Beweise gegen Graßl in der Hand. Sie standen vor einem Dilemma. Einige wenige Indizien sprachen gegen ihn, aber es waren eben nur „gelöcherte" Indizien. Zu einer Festnahme reichten sie nicht aus. Als dann nach einigen Tagen eine sodomistische Handlung von Graßl an einer Kuh aktenkundig gemacht wurde, griffen die Beamten zu und nahmen ihn am 2. Juli 1906 vorläufig fest. Der k. Amtsrichter in Mainburg erließ Haftbefehl und schickte ihn in die Untersuchungshaft. Graßl gestand die Tat. Das Verbrechen stellte sich als Lustmord dar.
Der Untersuchungsgefangene Franz Xaver Graßl wurde dem Gericht vorgeführt. Dabei erklärte er im wesentlichen:
Er habe am Fronleichnamstag den ganzen Tag in verschiedenen Wirtschaften Mainburgs herumgetrunken; gegen halb 12 Uhr nachts sei er mit Jakob Kroiß aus der Maderholzschen Wirtschaft, in der sie zuletzt gewesen seien, mitsammen fort. Vor ihnen sei Franz Sporer mit Elise Wimmer in der Richtung gegen den Bahnhof zu gegangen. Er sei mit Kroiß beiden nachgegangen, sie hätten sie aber später bei der Straßenkreuzung in der Nähe der Bahnhofsrestauration aus dem Gesicht verloren. Während er und Kroiß bei der Straßenkreuzung gestanden seien, sei eine Mannsperson vorbeigegangen, die ihm frech ins Gesicht gesehen habe. Daraufhin habe er dieser Person eine Ohrfeige versetzt, so daß sie zu Boden gefallen sei. Der Geschlagene sei

aber sofort wieder aufgestanden und auf der Auer Straße weitergegangen. Bei diesem Vorgang sei Kroiß neben ihm gestanden und habe dieses sehen müssen.
Nach einiger Zeit habe er, der Angeklagte, sich von Kroiß verabschiedet und sich auf den Heimweg gemacht mit dem Bemerken: „Dem gehe ich nach.“ Als er den Betreffenden auf der Straße eingeholt hatte, sei er bis zu seinem an der Auer Straße gelegenen elterlichen Anwesen mitgegangen; der Fremde habe ihn dabei um Nachtquartier ersucht, was er, der Angeklagte, mit den Worten abgeschlagen habe, was würde da sein Vater sagen, wenn er einen Besoffenen bringe. Der Fremde sei darauf ein Stückchen weitergegangen und habe dann gerufen: Er zeige ihn jetzt wegen der Ohrfeige an, er wisse jetzt, wo er, der Angeklagte, daheim sei. Nun sei er, der Angeklagte, wieder zu dem Fremden hingegangen und habe ihm erklärt, er wolle ihn auf die Seilermühle führen, um ihm dort ein Nachtquartier zu beschaffen; er habe dieses tun wollen, damit er nicht angezeigt werde. Von der Auer Straße seien sie dann auf den Feldweg zur Seilermühle eingebogen. Von diesem Feldweg sei er jedoch infolge seiner Trunkenheit auf den zur Lohmühle führenden Fußweg gekommen.
Dort sei der Fremde, mit dem er Arm in Arm gegangen, gestolpert und habe ihn im Fall mit zu Boden gerissen, so daß er auf den Fremden zu liegen gekommen sei. Er, der Angeklagte, sei infolge des Falles in Wut gekommen, habe sein Schnappmesser geöffnet und es dem Fremden in den Hals hineingehaut. Da dieser mit den Füßen geschlegelt habe, wobei er an einem Daumen getroffen und leicht verletzt worden sei, sei ihm erst recht die Wut gekommen, und er habe nun seinem Begleiter weitere Stiche versetzt, und hierbei müsse es gewesen sein, daß er dem Fremden zufällig den Geschlechtsteil abgeschnitten habe. Dann habe er dem Fremden, der auch sein Schnappmesser in der Hand hatte, dieses genommen und ihm in die Brust gestoßen.
Um den Weg freizumachen, habe er den Körper des inzwischen verschiedenen Mannes – des Mendl, wie sich später herausgestellt habe – auf die Seite gedreht, und dabei habe er zufällig dessen Geldbörse gespürt. Da erst sei ihm der Gedanke gekommen, diese Geldbörse wegzunehmen, indem er sich gedacht habe, wenn ein anderer dazu-

Anlage zur Urschrift des Urteils des Schwurgerichtes
bei dem K. Landgerichte

Straubing

vom 24ten November 1906.

Fragen an die Geschwornen

in der Strafsache

gegen

Graßl Franz Xaver, Gütlerssohn von Mainburg, wegen Raubmordes.

Fragen:	**Antworten:**
	Dabei sind die **§§ 307** und **308** der Reichs-Strafprozeßordnung zu beachten. **§ 307.** Der Spruch ist von dem Obmann neben den Fragen niederzuschreiben und von ihm zu unterzeichnen. Bei jeder dem Angeklagten nachteiligen Entscheidung ist anzugeben, daß dieselbe mit mehr als sieben Stimmen, bei Verneinung der mildernden Umstände, daß dieselbe mit mehr als sechs Stimmen gefaßt worden ist. **Im Übrigen darf das Stimmenverhältnis nicht ausgedrückt werden.** **§ 308 Abs. 1.** Der Spruch ist im Sitzungszimmer von dem Obmann kund zu geben. Der Obmann spricht die Worte: **„Auf Ehre und Gewissen bezeuge ich als den Spruch der Geschwornen"** und verliest die gestellten Fragen mit den abgegebenen Antworten:
Frage 1 Ist der Angeklagte Franz Xaver Graßl, [Gü]tlerssohn, geboren am 9. März 1884 zu Mainburg, dortselbst heimatet und zuletzt wohnhaft, ledig, Gütlerssohn, zur [Ze]it in Untersuchungshaft, schuldig,	

Abb. 17: Nachdem die Geschworenen die vom Gerichtsvorsitzenden schriftlich gestellten Fragen (hier in Auszügen) mit mehr als sieben Ja-Stimmen beantwortet hatten, fällte

am Freitag, den 15. Juni 1906 morgens zwischen 12 und 2 Uhr in Mainburg durch eine und dieselbe Handlung

a. vorsätzlich einen Menschen, nämlich den Taglöhner Karl Mendl von Berchtesgaden, getötet und die Tötung mit Überlegung ausgeführt zu haben,

Ja, mit mehr als sieben Stimmen

b. mit Gewalt gegen eine Person, nämlich gegen den vorgenannten Karl Mendl, fremde bewegliche Sachen einem Anderen, nämlich diesem Karl Mendl, in der Absicht, sich dieselben rechtswidrig zuzueignen, weggenommen zu haben, wobei durch die gegen den mehrgenannten Karl Mendl verübte Gewalt der Tod desselben verursacht worden ist?

Ja, mit mehr als sieben Stimmen.

2. Wird Frage I überhaupt verneint, oder wird der Teil b der Frage I verneint, so ist zu be-

Mertzeder
Obmann

[illegible]

[illegible]

das Schwurgericht Straubing am 24. November 1906 das Urteil und verhängte über Franz Graßl die Todesstrafe.

komme, nehme sie sich dieser. Dann sei er heimgegangen und habe sich ins Bett gelegt.

Der Staatsanwalt beantragte hierzu die Verlesung des Augenscheinprotokolls vom 15. Juni 1906 und dem 2. Juli 1906, ferner, daß die beglaubigten Kopien des als Bestandteil des Augenscheinprotokolls vom 2. Juli 1906 erklärten Situationsplans den Geschworenen übergeben werden. Verteidiger und Angeklagter erklärten, daß sie mit der Verlesung des genannten Protokolls und der Übergabe der beglaubigten Kopien des Situationsplans an die Geschworenen einverstanden seien.

Hierauf wurden je zwei Geschworenen eine beglaubigte Kopie genannten Situationsplans übergeben und die Augenscheinsprotokolle vom 15. Juni 1906 und 2. Juli 1906 verlesen, wobei bemerkt wird, daß das Protokoll vom 2. Juli 1906 nur bis zur Unterschrift des Franz Graßl nebst der gerichtlichen Fertigung verlesen wurde, während die in demselben enthaltenen Zeugenaussagen nicht verlesen wurden. Ferner wurde den Geschworenen die Skizze in dem Augenscheinsprotokoll vom 15. Juni 1906 vorgezeigt, gegen welche Vorzeigung Staatsanwalt, Verteidiger und Angeklagter keine Erinnerung zu haben erklärten.

Um 11 Uhr 25 unterbrach der Vorsitzende die Verhandlung auf zehn Minuten. Nach Verlauf dieser Zeit wurde in der Verhandlung wieder fortgefahren, und der Angeklagte erklärte auf Vorhalt:

„Ich habe an dem fraglichen Tag ca. 20 Glas Bier getrunken, wegen des Geldes habe ich den Mendl nicht getötet, eine Rauferei hat es allerdings zwischen mir und dem nachher Getöteten nicht gegeben. Ich gebe nunmehr zu, daß ich das Geschlechtsteil des Mendl nicht zufällig, sondern absichtlich abgeschnitten habe. Warum ich den Mendl getötet und verstümmelt habe, weiß ich selbst nicht.“

Hier war vergessen worden nachzuhaken, ob er auch zugebe, von Mendl homosexuelle Handlungen verlangt zu haben. Weil dieser nicht mitmachte, habe er den Mendl beseitigt, damit dieser nichts weitererzählen habe können. Dies hatte er so der Gendarmerie gegenüber ausgesagt.

Die Hauptverhandlung gegen Graßl fand am 23. und 24. November 1906 statt. 48 Zeugen waren vorgeladen, um über den Leumund und das Vorleben des Angeklagten auszusagen.

Nachdem die Geschworenen folgende vom Gerichtsvorsitzenden schriftlich gestellten Fragen

1. *Ist der Angeklagte Franz Xaver Graßl, katholisch, geboren am 9. März 1884 zu Mainburg, dortselbst beheimatet und zuletzt wohnhaft, ledig, Gütlerssohn, zur Zeit in Untersuchungshaft, schuldig, am Freitag, den 15. Juni 1906 morgens zwischen 12 und 2 Uhr unweit Mainburg durch eine und dieselbe Handlung*
   a. vorsätzlich einen Menschen, nämlich den Taglöhner Karl Mendl von Berchtesgaden, getötet und die Tötung mit Überlegung ausgeführt zu haben,
   b. mit Gewalt gegen eine Person, nämlich gegen den vorgenannten Karl Mendl, fremde bewegliche Sachen einem anderen, nämlich diesem Karl Mendl in der Absicht, sich dieselben rechtswidrig zuzueignen, weggenommen zu haben, wobei durch die gegen den mehrgenannten Karl Mendl verübte Gewalt der Tod desselben verursacht worden ist?

jeweils mit mehr als sieben Ja-Stimmen beantwortet hatten, fällte das Schwurgericht Straubing am 24. November 1906, nachmittags, nachstehendes Urteil:

Im Namen Seiner Majestät des Königs von Bayern erkennt das Schwurgericht bei dem K. Landgerichte Straubing in der Untersuchungssache gegen Graßl Franz Xaver, Gütlerssohn aus Mainburg, wegen Raubmords in öffentlicher Sitzung vom 24. November 1906, nachmittags, auf Grund der am 23. und 24. November 1906 gepflogenen Hauptverhandlung, an welcher teilgenommen haben: Der k. Oberlandesgerichtsrat Mayr, als Vorsitzender, die k. Landgerichtsräte Seidlmayer und Raithel, als Beisitzer, der k. I. Staatsanwalt Pfrang und der Gerichtsschreiber, Rechtspraktikant Welsch, zu Recht:

I. *Graßl Franz Xaver, geboren am 9. März 1884, katholisch, ledig, Gütlerssohn von Mainburg, militärfrei, z. Zt. in Untersuchungshaft, wird wegen Verbrechens des Mordes im rechtlichen Zusammenflusse mit einem Verbrechen des erschwerten Raubes mit Todesfolge zur To-*

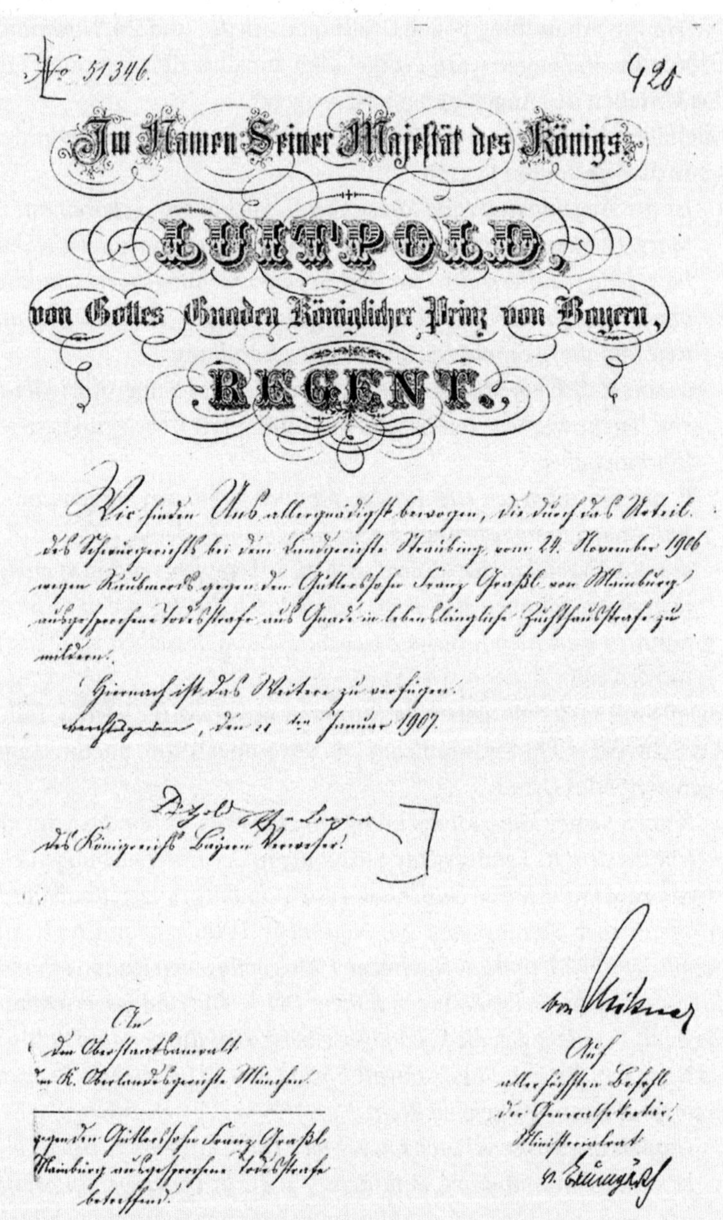

No. 51346. 420

Im Namen Seiner Majestät des Königs

LUITPOLD,

von Gottes Gnaden Königlicher Prinz von Bayern,

REGENT.

Wir finden Uns allergnädigst bewogen, die durch das Urteil des Schwurgerichts bei dem Landgerichte Straubing vom 24. November 1906 wegen Raubmords gegen den Gütlerssohn Franz Graßl von Mainburg ausgesprochene Todesstrafe aus Gnade in lebenslängliche Zuchthausstrafe zu mildern.

Hiernach ist das Weitere zu verfügen.

Berchtesgaden, den 21ten Januar 1907.

Luitpold Prinz von Bayern
des Königreichs Bayern Verweser.

von Miltner

An
den Oberstaatsanwalt
am K. Oberlandesgerichte München

gegen den Gütlerssohn Franz Graßl
Mainburg ausgesprochene Todesstrafe
betreffend.

Auf
allerhöchsten Befehl
der Generalsekretär:
Ministerialrat
v. [illegible]

Abb. 18: König Luitpold gab einem Gnadengesuch von Franz Xaver Graßl statt.

J. L. Nr. 2059 Rep 176-313

Staatl. Gesundheitsamt Straubing

Gutachten.

Graßl Franz Xaver, geboren am 9.VIII.1884, landwirtschaftlicher Arbeiter aus Mainburg, zur Zeit Büßer im Zuchthaus Straubing, wurde von mir am 4.12.36 zwecks freiwilliger Entmannung untersucht.

Über erbliche Belastung ist dem Patienten nichts bekannt. Er selbst war nie krank, ist 5 mal wegen Körperverletzung bestraft.

Er gibt zu am 14.9.1906 widernatürliche Unzucht an Tieren begangen zu haben und am 3.11.1906 bei einem neuen Versuch verjagt worden zu sein. Am 14.11.1906 hat er dann einen Mord an einem Handwerksburschen begangen, der seinerzeit als Raubmord aufgefaßt wurde. Ich halte diesen Mord entsprechend den überzeugenden Ausführungen des Herrn Medizinalrates Dr. Trunk ebenfalls für einen Lustmord.

Graßl leidet demnach zweifellos an einem entarteten Geschlechtstrieb. Graßl kann durch eine Entmannung von diesem Leiden befreit werden. Er hat sich auhh bei mir bereit erklärt, die Entmannung freiwillig vornehmen zu lassen. Ich halte diesen Entschluß für zweckmäßig und ersuche die freiwillige Entmannung durchzuführen.

Dr. Kestel

Zuchthaus und Sicherungsanstalt
Straubing
Anstaltsarzt

I. K. g.
II. Zum Personalakt
8.12.36. Dr. Trunk

Abb. 19: *In einem Gutachten stellte der betreffende Arzt fest, daß Franz Xaver Graßl an einem entarteten Geschlechtstrieb leide.*

desstrafe und in die Kosten des Verfahrens und der Strafvollstrekkung verurteilt.

II. *Dem Verurteilten werden die bürgerlichen Ehrenrechte auf Lebensdauer aberkannt.*

Der Verteidiger von Graßl schrieb ein Gnadengesuch an den „Allerdurchlauchtigsten Prinz und Regent, den Allergnädigsten Regent und Herrn!"

Graßl wurde begnadigt:

Im Namen Seiner Majestät des Königs, Luitpold, von Gottes Gnaden Königlicher Prinz von Bayern, Regent. Wir finden Uns allergnädigst bewogen, die durch das Urteil des Schwurgerichts bei dem Landgerichte Straubing vom 24. November 1906 wegen Raubmords gegen den Gütlerssohn Franz Graßl von Mainburg ausgesprochene Todesstrafe aus Gnade in lebenslängliche Zuchthausstrafe zu mildern. Hiernach ist das Weitere zu verfügen.

Berchtesgaden, den 21ten Januar 1907.

Luitpold Prinz von Bayern

des Königreichs Bayern Verweser.

Franz Xaver Graßl verbrachte von Ende 1906 bis zum 18. Oktober 1935 im Zuchthaus in Kaisheim, danach wurde er verlegt in das Zuchthaus und die Sicherungsverwahranstalt Straubing. Auflehnung gegen die Anstaltsordnung, Jähzorn und Tätlichkeiten gegen andere Gefangene brachten ihm in den ersten 13 Jahren 21 Hausstrafen ein. Dann ergab er sich in sein unvermeidliches Schicksal und wurde ruhiger. Die dann in den folgenden Jahren gezeigte gute Führung bewog den Leiter des Zuchthauses, eine bedingte Freilassung des Graßl beim Reichsministerium der Justiz anzuregen.

Der Versuch des Reichsjustizministeriums, Graßl bedingt die Freiheit zu geben, schien am Widerstand seiner Heimatgemeinde zu scheitern. Obwohl nunmehr bereits 53 Jahre alt, wurde er nach wie vor für gefährlich gehalten, in der Freiheit erneut eine sexuelle Gewalttat zu begehen. Deshalb war ihm nahegelegt worden, sich freiwillig entmannen zu lassen. Widerspruchslos tat er dies. Nachdem die Entmannung vollzogen war, bat er in einem persönlichen Schreiben an die Staatsanwaltschaft am 3. April 1938 um bedingte Strafaussetzung. Die Strafvollstreckung wurde daraufhin am 12. Mai 1938 unterbrochen, Graßl bedingt entlassen und zu einem Bauern in Blaichenbach im Kreis Pfarrkirchen in Arbeit gegeben. Dort stand er weiterhin unter polizeilicher Beobachtung. Am 8. Januar 1947 entsprach der Bayerische Staatsminister der Justiz einem erneuten Gnadengesuch von Graßl und erließ ihm den nichtverbüßten Rest der lebenslänglichen Zuchthausstrafe.

Zum Zeitpunkt des bedingten Straferlasses hatte schon eine Weisung des Reichsführers SS und Chef der deutschen Polizei, Heinrich Himmler, Geltung im Reichsgebiet, wonach alle Schwerverbrecher, die zu mehr als acht Jahren Zuchthaus verurteilt waren, nach ihrer Strafverbüßung generell in polizeiliche Vorbeugungshaft zu nehmen seien, was automatisch die Einweisung in ein Konzentrationslager bedeutete. Der bedingte Straferlaß hatte nicht die Wirkung einer Strafverbüßung, insofern griff für Graßl Himmlers Weisung nicht. Über ihn hielt der Reichsjustizminister noch schützend seine Hand. Ob Graßl in einem KZ das Kriegsende ungeschoren überlebt hätte, ist fraglich.

Graßl verstarb am 12. Mai 1953 in Schwertling bei Birnbach, früherer Landkreis Griesbach im Rottal.

16. DIE GIFTMISCHERIN

Altenmarkt, Bezirksamt Traunstein

Landkreis Traunstein, Oberbayern

Karl Brunner, Gütler in Wittibreuth, kam vom Sonntagnachmittagsumtrunk aus dem Wirtshaus heim. Ungewohnt heftig stieß er die Stubentüre auf und ließ sie dann krachend hinter sich zufallen. Die beiden Frauen am Stubentisch spürten den Zorn, der im Manne tobte. „A Schand' is. Boid kann ma sö nirgends mehr sehng laß'n. Auf da Straß' werd' ma weg'n Dei'm Luadaleb'n scho og'redt." Die Anklage richtete er gegen die 25jährige Tochter Marie, die wegen ihres sittenlosen Lebenswandels nicht nur sich, sondern auch die Eltern zum Gespött im Dorfe machte, „'s wird Zeit, daß'd dö auf a Ehrbarkeit b'sinnst und heiratst. Nur so lose Red'n führ'n d'Leit über Dich und uns. I duld's nimma länger. Entweder Du heiratst an Steffl, oder Du gehst ma aus'm Haus und zon an Bauern in Deanst."

Marie Brunner, am 30. August 1874 in Wittibreuth, Bezirksamt Pfarrkirchen, geboren, war keine Schönheit, mittelgroß, kräftig und vollbusig. Auf dem linken Auge schielte sie ein wenig, was den Anschein eines leichten Silberblickes vermittelte. Für alles Männliche hatte sie ein großes Herz. Anspruchsvoll war die Marie keineswegs, wenn es um ein Mannsbild ging. Ohne Skrupel nahm sie jeden, nach dem ihr der Sinn stand. Fixierte sie mit ihren Glubschaugen einen Burschen, entstand der Eindruck, sie sehe nur auf dessen Hosenschlitz, um zu ergründen, was sich dahinter verbirgt. Bei dem einen oder anderen konnte dies schon eine Schleimhautreizung hervorrufen. In der Burschenschaft des Ortes hatte sie den zweifelhaften Ruf, das Mädchen mit dem „Hosentürlblick" zu sein.

Marie ließ den Vater auspoltern. „Immer ist's das gleiche, wennst aus'm Wirtshaus kimmst", sagte sie schließlich. „Meinetsweg'n fragst hoid an Steffl, ob er mi zo sei'm Weib nehma wui." Langsam bekam sie es satt, mit den Eltern in steter Zwietracht zu leben. „Lieber heirate ich einen Mann, den ich nicht unbedingt haben möchte, als noch länger das Geschimpfe anhören zu müssen", sprach sie gedanklich

zu sich selber. Mit Steffl, dem ledigen Arbeiter Stefan Werkstätter, hatte sie es früher einige Zeit getrieben. Er war der Vater des einjährigen Knaben Josef, den sie auf dem Schoße hielt und abfütterte.
Marie und Stefan heirateten am 20. Februar 1900. Die Eltern übergaben ihr das schuldenfreie Anwesen und zogen sich aufs Altenteil zurück. Zweiflerisch meinte einmal die Mutter: „Ob dös mit'm Steffl a guat geh'n wird?", worauf die Marie antwortete: „Kimmt Zeit, kimmt Rat." Wohl war beiden nicht in ihrer Haut gewesen.
Stefan Werkstätter brachte 1800 Mark Elterngut in die Ehe ein, und mit diesem Geld vermehrte er den Besitz. In der lauteren Absicht, der Marie ein guter Mann, dem Buben Sepperl ein guter Vater und ansonsten ein fleißiger Landwirt zu werden, war er in das Haus der Schwiegereltern eingezogen. Seinem Eheweib lag zu allem Verdruß alles andere näher als die Arbeit, und so ging es mit der Wirtschaft statt bergan stetig abwärts. Bereits nach ein paar Jahren war die Schuldenlast so drückend geworden, daß das Anwesen verkauft werden mußte. Was noch übriggeblieben war, reichte gerade aus, in Wurmannsquick ein kleines „Sachl" erwerben zu können.
Die Werkstätterin gebar Jahr für Jahr ein Kind. Schulden häuften sich abermals erschreckend schnell an, und zuletzt war nach der Veräußerung auch dieses Anwesens das Vermögen gleich Null. Stefan betätigte sich wieder wie zur Junggesellenzeit als Hilfs- und Gelegenheitsarbeiter, die Familie lebte weiter von der Hand in den Mund.
Am 1. November 1914 zog Werkstätter nach Trostberg, wo er in den Stickstoffwerken Arbeit gefunden hatte. Frau und Kinder folgten ihm vier Wochen später nach. Die Behausung in Trostberg erwies sich bald schon für die große Familie als unzureichend, deshalb besorgte der Mann eine Wohnung in einem Haus in Altenmarkt, die genug Platz auch für die im Haushalt noch lebenden fünf Kinder bot. Wohnungsnachbarn wurden die Fabrikarbeitereheleute Ludwig und Elise Mittermaier. Den Arbeitsplatz in Trostberg behielt Werkstätter bei.
Noch nicht lange in Altenmarkt, verübte Stefan Werkstätter einen Diebstahl. Deshalb verlor er seine Arbeit in der Fabrik und wurde zur Lohnarbeit als Holzfäller gezwungen. Der Mann geriet auf Abwege und vernachlässigte Frau und Kinder.

Marie Werkstätter war keine gute „Hauserin". Faul, liederlich im Umgang mit Geld, streitsüchtig und leichtsinnig tat sie sich schwer, Freunde zu finden. Selbst Nachbarn und Bekannte waren ihr nicht besonders wohlgesonnen. Dem Ehemann gingen ihr schlampiges Verhalten und die fortwährende Nörgelei, er bringe zu wenig Geld heim, auf die Nerven. Er suchte sein Heil im Wirtshaus und verfiel der Trunkenheit. Ihr wiederum war das Zusammenleben mit dem Säufer und Gesetzesbrecher unerträglich geworden. Nicht länger lügen wollte sie für ihn, wenn er etwas verbrochen hatte und die Gendarmen zum Recherchieren kamen. Als er einmal drohte, sie „abzustechen", wenn er durch ihre Aussage eingesperrt werden würde, da erklärte sie ihm offene Feindschaft bis auf den Tod. Dieses Ereignis kann als die Geburtsstunde des unumstößlichen Planes angesehen werden, den verhaßten Mann aus dem Leben zu schaffen.

Am 27. Juli 1917 wurde Stefan Werkstätter zum Militär einberufen. Er brauchte nicht mehr ins Feld, sondern diente in einer Bewachungskompanie im Lager Lechfeld. Zu dieser Zeit lernte Marie Werkstätter in der Wohnung ihrer Nachbarin Mittermaier den von der Kriegsfront in die Heimat beurlaubten Johann Freitsmiedl kennen, einen 41 Jahre alten und noch ledigen Maschinisten aus Tacherting. Bei ihm beklagte sie sich über ihren herzlosen Mann, der sie immer nur als „Gebärmaschine" benutzt hatte, ihr sonst aber weder Liebe noch Befriedigung geben konnte. Freitsmiedl hörte zu, ohne den Wortschwall zu unterbrechen. Er witterte ein Urlaubsabenteuer, das er sich nicht entgehen lassen wollte. Ihn störte es nicht, daß die Frau schielte und fast zahnlos war, weil nach jeder Geburt ein oder mehrere Zähne ausgefallen waren und sie nicht genügend Geld für einen Zahnersatz besaß. Ihm kam es jedoch auch nicht in den Sinn, mit der Werkstätterin eine mehr als lose Verbindung einzugehen. Trotzdem sagte er unbedacht die Worte: „Na ja, wenn's mit Dei'm Oid'n nimmer geht, gengan hoid mia zwoa zamma."

Marie Werkstätter glaubte ernsthaft, was Freitsmiedl ohne Überlegung dahingesagt hatte. Sie faßte es als ein Versprechen auf, nahm ihn mit in die Wohnung. Sehnsüchtig weilten seitdem ihre Gedanken bei Freitsmiedl. Ihm wollte sie fürderhin gehören, ihn wollte auch sie

besitzen. Dafür war sie bereit, allen Ballast abzuwerfen, der einer Verbindung mit diesem Mann im Wege stehen konnte.
Brieflich gestand Marie ihrem Mann den Ehebruch mit Freitsmiedl. Sie hoffte darauf, ihn dazu bewegen zu können, daß er sich scheiden lasse. Herbe Enttäuschung löste Stefans Rückantwort aus, er habe ihre Untreue zur Kenntnis genommen, werde sich jedoch unter keinen Umständen von ihr trennen. „Na warte! Dir geb' ich's noch. Beim nächsten Urlaub bring' ich Dich um", schwor sie sich. Mittlerweile wußte sie auch, mit was sie den Mann töten würde. „Vergift'n werd' ich dös Mannsbild, und zwar so, daß niemand dahinterkommen wird, woran er krepiert ist. Mit Tollkirschen mach' ich's." Sie suchte nach solchen, fand eine Staude mit den glänzend schwarzen, sehr giftigen Beeren, pflückte ein paar Hände voll und bewahrte sie für den beabsichtigten Zweck auf.
Stefan Werkstätter erhielt im Sommer 1918 Urlaub auf Abruf zur Familie nach Altenmarkt. Die Frau benahm sich ihm gegenüber unauffällig, erfüllte ihm alle seine Wünsche und fieberte dem Tag entgegen, an dem er zu seiner Truppe zurück mußte. Diesen Tag hatte sie auserwählt, ihm das Gift zu verabreichen. Am 5. September 1918 war Stefan Werkstätters Urlaub zu Ende. Als Abschiedsessen wünschte er sich aufgeschmalzene Bandnudeln und dazu Heidelbeeren. Dies kam der Frau sehr gelegen. Den Heidelbeeren konnte sie unverfänglich den Saft ausgepreßter Tollkirschen beimischen. Sie verband damit den Wunsch und die Hoffnung, das Gift würde während der Bahnfahrt wirken und den Mann töten.
Stefan Werkstätter wurde flau, träge und schwach. Beim Zwischenaufenthalt in Rosenheim brach er bewußtlos auf dem Bahnsteig zusammen. Sanitäter brachten ihn in das Beobachtungslazarett in die Stadt. Vier Tage rätselten die behandelnden Ärzte, was die Bewußtlosigkeit ausgelöst haben könne. Dann veranlaßten sie die Verlegung des Kranken in das Reservelazarett nach München. Dort zeigte sich Werkstätter über seine Umgebung ebenso unorientiert wie in Rosenheim, war anhaltend unruhig und verwirrt. Das Thermometer fieberte er rauf und runter. Er wurde zunächst für geisteskrank gehal-

ten. Als sich sein Gesundheitszustand mehr und mehr normalisierte, diagnostizierten die Ärzte schließlich Epilepsie.

Als Marie Werkstätter erfuhr, daß sich ihr Mann im Lazarett befinde, überlegte sie: Hatte sie nicht genug des tödlichen Giftes ins Essen gegeben, oder sollte es das Schicksal wollen, daß er am Leben bleibt? „Nächstes Mal wird es keine Panne geben", nahm sie sich vor. Am 19. September 1918 wurde Stefan aus dem Lazarett und zugleich vom Militär entlassen. Er fuhr nicht erst zur Familie nach Altenmarkt, sondern nach Mühldorf a. Inn, wo er bei der Firma Himmelbach Arbeit und Unterkunft bekommen hatte. Ein Kamerad im Lazarett vermittelte ihm die Stelle.

Von Mühldorf aus besuchte Werkstätter erstmals am 12. Oktober die Familie. Bevor er am 14. Oktober zurückfuhr, mengte ihm die Frau in sein Essen erneut den Saft von Tollkirschen, dieses Mal aber mehr als beim ersten Tötungsversuch.

In der Nacht zum 15. Oktober fand man in Mühldorf den todkranken Mann auf der Straße, als er, wirr daherredend, sich die von Kot und Urin besudelten Kleider vom Leib riß. Die Augenpupillen waren groß und starr, sein Gang schleifend und taumelnd. Herbeigerufene Sanitäter der Sanitätskolonne Mühldorf fuhren Werkstätter ins Vereinslazarett. Von einer motorischen Unruhe getrieben, torkelte er zwei Tage lang durch die Gänge des Lazaretts. Wiederum gingen die Ärzte erst von einer Geisteskrankheit aus, mußten dann aber feststellen, daß der Patient nach drei Tagen vollkommen normal und klar reagierte. Er durfte das Lazarett verlassen und als geheilt nach Altenmarkt heimkehren. Die Stickstoffwerke in Trostberg gaben ihm wieder Arbeit.

Die beiden fehlgeschlagenen Vergiftungsversuche deprimierten die Werkstätter. „Was kann ich denn noch tun, daß der Kerl endlich verreckt?" Sie gab den Tötungsvorsatz nicht auf. „Wenn die Tollkirschen versagen, muß etwas noch Stärkeres her", überlegte sie. „Rattengift! Das wird ihn schaffen." In einer Apotheke in Traunstein besorgte sie sich drei Glasröhrchen mit dem Rattengift „Millimord". Den Inhalt von zwei Röhrchen setzte die Giftmischerin dem Pfannkuchen bei, den sie dem Mann am 7. November 1918 in die Fabrik brachte. Sie

erwartete nach der Einnahme des Essens seinen unvermeidlichen Tod.
Der Mann kam am Abend krank von der Arbeit heim. Furchtbarer Brechdurchfall quälte ihn, er hatte hohes Fieber. Erst nach Stunden und mehrmaligem Drängen des Mannes holte die Frau einen Arzt, der ein Rezept ausschrieb und ein Mittel gegen Durchfall verordnete. Der Doktor fragte, was der Patient am Tage gegessen hatte, denn er war geneigt anzunehmen, den massiven Durchfall habe der Genuß verdorbener Lebensmittel verursacht. Da die Frau dem Doktor Prosinger versicherte, ihr Mann habe nichts anderes gegessen wie sonst auch, ließ der Arzt den Verdacht fallen, machte aber am folgenden Tag gleich in der Frühe einen Hausbesuch bei dem Kranken. Dieser befand sich wieder auf dem Weg der Besserung, deshalb ordnete der Doktor das Krankheitsbild den Auswirkungen einer Grippe zu, die gerade stark in der Gegend kursierte. Zwei Tage danach arbeitete Werkstätter schon wieder in der Fabrik.
Weil auch im dritten Anlauf das Gift wieder nur zu einer Erkrankung geführt hatte, schrieb Marie dies dem Umstand zu, daß das Gift beim Essenszubereiten an Wirkung verlor. Das Gift aus dem dritten Glasröhrchen gab sie nun am 30. Dezember 1918 in den Morgenkaffee des Mannes, und das führte schließlich zum angestrebten Ziel.
Werkstätter erkrankte abermals während der Arbeit. Von Fieberfrösten geschüttelt, setzte um 2 Uhr am Nachmittag ein noch stärkerer Brechdurchfall ein, er mußte die Arbeit unterbrechen und heimgehen. Nachdem bereits Blut abging und zwischenzeitlich Stunden vergangen waren, ließ die Frau sich dazu herab, in die Praxis des Doktor Prosinger zu gehen und Medizin zu holen. Dem Arzt gegenüber verniedlichte sie den tatsächlichen Krankheitszustand und brachte es fertig, diesem seinen wiederholten Verdacht auf eine Lebensmittelvergiftung auszureden.
Stefan Werkstätter starb qualvoll am 31. Dezember 1918 nachts um 2 Uhr. Vergeblich hatte er die Frau gebeten, den Arzt zu holen. In seiner letzten Stunde des Lebens erkannte er noch, daß die Frau seinem Essen Gift zugesetzt hatte und auf sein Sterben wartete. Von Krämpfen und Schmerzen fast wahnsinnig geworden, bäumte er sich im

Bett ein letztes Mal auf und schrie ihr ins Gesicht: „Is Dir endli g'lunga, mich umz'bringa. DaTeife soi Di hoin." Dann fiel er tot in die Kissen zurück.

In der Untersuchungshaft hatte die Werkstätter einer Mitgefangenen den Todeskampf des Mannes geschildert und beigefügt, sie habe in „freudiger Erregung" das Sterben des Mannes verfolgt und ihm sogar noch zugerufen: „So, vareckst jetzand endli."

Als sie um 8 Uhr früh zu Doktor Prosinger ging und ihm mitteilte, daß der Mann in der Nacht verstorben sei, meinte sie noch scheinheilig: „Er ist ganz friedli eig'schlafa. I hon nix davo g'merkt." An der Leiche fanden sich keine Spuren für einen unnatürlichen Tod, so daß der Beerdigung nichts im Wege stand. Der Leichenbeschauer hatte auf den Totenschein als Todesursache Brechdurchfall geschrieben.

Marie Werkstätter hatte zwölf Kinder zur Welt gebracht, von denen noch sieben lebten, fünf davon bei ihr im Haushalt. Das jüngste, die am 8. Juli 1916 geborene Elisabeth, war schwächlich und nervös, obendrein aber auch noch recht eigensinnig. Dieses Kind sah sie auch als Ballast, den sie beseitigen mußte, bevor es zur Eheschließung mit Freitsmiedl käme. Diesen Mann hatte sie beschenkt, auf ihn hatte sie ihre Hoffnung auf ein spätes Glück gesetzt, weil er einmal eine unbedachte Äußerung tat, die mit keiner Silbe signalisierte, daß er sie tatsächlich heiraten wolle. Nachdem ihr bekannt geworden war, daß Freitsmiedl aus dem Krieg heimgekommen sei und in Tacherting wohne, entschied sie sich dafür, das kränkelnde Kind zu töten.

Am 10. Mai 1919 ging die Werkstätter an die Alz, um dort Schmutzwäsche zu waschen. Die kleine Elisabeth hatte sie mitgenommen in der Absicht, das Mädel in den Fluß zu stoßen. Auf einem in den Fluß hineinreichenden Waschbrett sitzend, schöpfte das Mädchen mit einer Gießkanne Wasser. Die Mutter ging auf Elisabeth zu, versetzte ihr einen kräftigen Fußtritt in den Rücken, das Kind stürzte kopfüber ins Wasser und wurde von der reißenden Strömung sofort abgetrieben. Als sei nichts geschehen, wusch die Werkstätter fertig und ging in die Wohnung zurück. Von der Nachbarin Mittermaier nach dem Verbleib des Kindes befragt, erklärte sie dieser, die Elisabeth sei auf dem Waschbrett gestolpert und in den Fluß gefallen. Sie selbst habe

keine Möglichkeit gehabt, das Kind zu retten. Elise Mittermaier erbot sich, mit nach dem Kind zu suchen, dazu bemerkte jedoch die Werkstätter lapidar: „Da wern ma nix mehr find'n. 's Wasser hod's g'wiß scho weit fortg'schwemmt." In diesem Augenblick erkannte die Nachbarin das Ungeheuerliche: Marie Werkstätter hatte ihr Kind selber in die Alz gestoßen. Sie fror bei dem Gedanken, einer Mörderin gegenüberzustehen, ohne dafür einen Beweis erbringen zu können.
Bald schon tauchte in Altenmarkt das Gerücht auf, die Werkstätterin habe nicht nur die kleine Elisabeth, sondern auch ihren Mann umgebracht. Da fragte der älteste, am 7. Februar 1899 geborene Sohn Josef die Mutter: „Ist's wahr, wos d'Leit über Dich red'n? Hosd an Vaddan und d'Lisabeth umbracht oder nöd? Sag' ma d'Wahrheit." Zornig fauchte sie ihn an: „D'Leit könna red'n was woin. Nieamands kann ma wos beweis'n. Dir aba sag's i, dem oid'n Halunk'n hob i Gift geb'n, und d'Lisabeth hob i ös Wasser g'steß'n. Und wenn Dir nix mehr bei mir paßt, mach' is mit Dir wiea mit'm Oid'n." Dieses furchtbare Geständnis verwirrte Josefs Sinn. Er konnte es nicht fassen, eine Doppelmörderin zur Mutter zu haben. Als er sich wieder einigermaßen gefangen und klaren Kopf hatte, brach es aus ihm heraus: „Du gemeine Mörderin, Du Hure. Hod der Vadda und hod d'Lisabeth sterb'n müaß'n, weilst da einbild'st, da Freitsmiedl wird Di heirat'n? Der pfeift Dir wos. Du g'hörst ins Zuchthaus oder no besser ins Narrenhaus. I geh' zo dö Gandarm und sag's denen, wos Du für oane bist."
Marie Werkstätter wurde festgenommen und gestand die beiden Morde. Als das Gericht zur Beweissicherung für den Giftmord die Exhumierung des Leichnams von Stefan Werkstätter betreiben wollte, sagte die Angeklagte Werkstätter: „Ös brauchts'n nöd ausgrab'n. I hob eam a so umbracht, wiea is g'sagt hob, laßt'sn schlaffa."
Sämtliche im Gerichtssaal anwesenden Personen spürten die Kälte und Herzlosigkeit der Frau. Nach langer Vorbereitung tötete sie vorsätzlich und mit einer nicht zu überbietenden Grausamkeit ihren Ehemann mit Rattengift, nachdem sich zwei Versuche mit dem Saft von Tollkirschen als unwirksam erwiesen hatten. Danach ertränkte sie Monate danach ihre vierjährige Tochter in dem selbst eingerede-

ten Wahn, mit dem Kind Johann Freitsmiedl nicht als Ehemann zu bekommen.
Am 19. September 1919 erging durch das Volksgericht beim Landgericht in Traunstein im Namen des Volkes folgendes Urteil:

Maria Werkstätter, geborene Brunner, geboren am 30. August 1874 in Wittibreuth, Bezirksamt Pfarrkirchen, hat

1. *am 31. Dezember 1918 ihren Ehemann Stefan Werkstätter mit Rattengift getötet, nachdem sie bereits am 15. September und am 14. Oktober 1918 mit dem Saft von Tollkirschen und am 7. November 1918 mit einem Rattengift den Versuch dazu gemacht hatte,*
2. *am 10. Mai 1919 ihr nicht ganz vier Jahre altes Kind Elisabeth dadurch getötet, daß sie es von einer Waschbank aus, auf welcher das Kind neben ihr spielte und Wasser schöpfte, in die Alz stieß, in der das Kind ertrank.*

Sie wurde deshalb wegen zweier sachlich zusammentreffender Verbrechen des Mordes je zur Todesstrafe verurteilt. Die bürgerlichen Ehrenrechte werden auf Lebenszeit aberkannt.

Bemerkenswert zur Person der Werkstätter ist ein Gutachten des Landgerichtsarztes Dr. Zwicknagel, Landgericht Traunstein, das dieser am 26. September 1919 für das Gericht fertigte:
„Das Bild, das sich von der Angeklagten Werkstätter in der Hauptverhandlung ergeben hat, ist ein äußerst ungünstiges und unvorteilhaftes. Das Motiv der Tat erscheint völlig klar. Sie hat ihren einmal gefaßten Entschluß, ihren Mann durch Gift zu beseitigen, mit großer Zähigkeit und erschreckender Kaltblütigkeit zur Ausführung gebracht. Auch die Tötung ihres Kindes steht mit der beabsichtigten Heirat zweifellos im ursächlichen Zusammenhang. Intellektueller Schwachsinn liegt bei der Werkstätter nicht vor, wohl aber ein hoher Grad von moralischer Verkommenheit.
Wenn man aber bedenkt, daß die Werkstätter schon 45 Jahre alt ist, in ihrer Ehe zwölfmal geboren hat, daß sie auf einem Auge schielt, daß sie fast zahnlos und mit einem Leistenbruch behaftet ist, somit schon ihrem Äußeren nach aller körperlichen Reize völlig entbehrt, so wird man es

als unverständlich finden müssen, daß diese Frau Mann und Kind beseitigt, um einen Arbeiter zu heiraten, der um vier Jahre jünger und nicht imstande ist, ihre wirtschaftliche Lage wesentlich zu verbessern, läßt sich ihre schrecklichen Verbrechen nur erklären, daß diese Frau in der Persönlichkeit des Freitsmiedl ein Objekt erblickte, das ihr im höchsten Grade erstrebenswert erschien. …

… Die Rolle, die Freitsmiedl gespielt hat, war eine schmähliche. Er hat in der Hauptverhandlung den denkbar schlechtesten Eindruck gemacht. Er hat die Frau zum besten gehalten und selbst zugegeben, daß es ihm niemals in den Sinn gekommen war, sie zu heiraten. Trotzdem hat er Geschenke von der Frau angenommen, obwohl dieselbe sich in der ärmlichsten Lage befand. Anstatt ihr klipp und klar zu verstehen zu geben, daß sie auf Erfüllung ihres Wunsches niemals rechnen könne, hat er sie in dem festen Glauben gelassen, daß eine Heirat mit ihm nicht ausgeschlossen sei. Jedermann, der der Hauptverhandlung beigewohnt hatte, hat den Gerichtssaal unbefriedigt verlassen, deshalb, weil Freitsmiedl einer Bestrafung nicht zugeführt werden konnte. Er hat durch sein Verhalten eine schwere Schuld auf sich geladen, er hatte zweifellos das schreckliche Unglück, das entstanden ist, mitverschuldet.“

Der Ministerrat des Freistaates Bayern wandelte am 21. November 1919 die Todesstrafe im Gnadenwege um in eine lebenslange Zuchthausstrafe. 21 Jahre büßte Maria Werkstätter in der Landesfrauenstrafanstalt in Aichach für ihre Verbrechen, wurde dann am 8. Januar 1940 mit bedingter Strafaussetzung und einer Bewährungszeit von fünf Jahren zu Angehörigen nach Brombach im Kreis Pfarrkirchen entlassen. Dort starb sie am 4. Juni 1948.

17. DER HINTERHALT

Lampoding/Pirach, Bezirksamt Laufen

Landkreis Traunstein, Oberbayern

Die Bauerseheleute Ferdinand und Anna Schwangler aus Pirach waren am Sonntag, dem 9. September 1923, in einer Gastwirtschaft in Kühnhausen beim „Hoagascht". Als die Frau gegen halb 11 Uhr nachts allein in ihr Anwesen zurückkam, traf sie in der Wohnstube den Bruder des Bauern, der als Knecht auf dem Hof arbeitete. Bei ihm waren einige gleichaltrige Männer und spielten Karten. Auf die Frage, wo denn der Ferdl sei, antwortete die Bäuerin: „Der is no mit'm Radl auf Wolkersdorf g'fahr'n, wui dort'n Bier b'stell'n."
Auf darauffolgenden Morgen lamentierte Anna Schwangler vor den Hausbewohnern: „Der Ferdl is no nöd dahoam, es wird eam do nix passiert sei?" Da Ferdinand Schwangler gerne reichlich über den Durst trank, konnte nicht ausgeschlossen werden, daß er von seinem Drahtesel gefallen und irgendwo liegengeblieben war. So argumentierte der Knecht, trommelte ein paar Leute zusammen und suchte mit ihnen seinen Bruder. Den ganzen Vormittag durchkämmten sie das Gebiet um Pirach-Lampoding-Kühnhausen, ohne den Gesuchten zu entdecken. Als sie die Suche zum Waginger See ausdehnten, fanden sie dort gegen Mittag die Leiche von Ferdinand Schwangler. Der Tote lag am Ostufer bei der Ausmündung des Lautenbaches, einen halben Meter unter Wasser im Schilf am Uferrand, neben ihm sein Fahrrad.
Schwangler war nicht ertrunken, sondern erschossen und danach ins Wasser geworfen worden. Oberhalb der beiden Brustwarzen fand sich je eine Schußwunde. Rechts war der Selbstbinder am Hemdkragen ein Stück in die Wunde hineingezogen, was bewies, daß der Schuß an dieser Stelle den Getöteten von vorne getroffen hatte. Beide Schüsse hatten den Brustkorb gänzlich durchschlagen. Über dem Einschuß an der linken Brustseite waren noch zwei äußerliche Hautverletzungen sichtbar, welche Spuren eines Streifschusses waren. Drei Schüsse hatte der Täter demnach auf Schwangler abgegeben.

Hut und Brieftasche des Toten fehlten, in einer äußeren Joppentasche befand sich indes noch ein 500-Millionen-Geldschein (Inflationsgeld). Zunächst deutete alles auf einen Raubmord hin, und die ersten Ermittlungen zielten auch in diese Richtung. Die Recherchen von Staatsanwaltschaft und Gendarmerie gingen nicht recht voran. In der Zwischenzeit mehrten sich aber die Gerüchte, Anna Schwangler könnte mit dem Mord an ihrem Ehemann etwas zu tun haben. So verdichteten sich die Ermittlungen auf das Vor- und Familienleben der Witwe Schwangler.

Anna Schwangler wurde am 8. Juni 1895 in Pirach geboren. Ihre Eltern waren die Bauerseheleute Jakob und Walburga Steiner. Die Mutter war annähernd zehn Jahre lang geisteskrank und starb 1918, nachdem sie acht Jahre das Bett nicht mehr verlassen hatte. Der Vater war ein starker Trinker und hatte es mit der ehelichen Treue nicht genau genommen. Er ließ das Anwesen verwahrlosen und lebte noch zu Lebzeiten seiner Frau im Konkubinat mit der Köchin. Das Kind Anna, möglicherweise beeinflußt und geprägt von den unguten Verhältnissen im Elternhaus, wurde depressiv und wegen Gemütskrankheit ärztlich behandelt. Die Ärzte betrachteten das Mädchen als „tiefsinnig" veranlagt, hielten es jedoch nicht für geisteskrank. Später wurde sie von ihrer Umgebung als manns- und liebestoll eingeschätzt.

Am 10. Juli 1914 gebar die Anna ein Kind, als dessen Vater sich Ferdinand Schwangler bekannte, der Knecht auf dem Hof war. Er mußte gleich zu Kriegsbeginn zum Militär einrücken, die Anna tröstete sich mit anderen Liebhabern. Nach Kriegsende kehrte Ferdinand Schwangler, wegen Tapferkeit ausgezeichnet mit dem Militärverdienstkreuz mit Schwertern und dem Eisernen Kreuz II. Klasse sowie zum Unteroffizier befördert, nach Kühnhausen zurück. Der Mann genoß in seiner Heimat unwidersprochen Ansehen. Und: Ferdinand war zur Heirat mit Anna bereit. Ein Jahr lang sah Steiner noch zu, wie sich die Jungvermählten mit der Arbeit anstellten. Als er dann glaubte, den Hof in guten Händen zu sehen, übergab er ihn in Gütergemeinschaft an Ferdinand und Anna Schwangler.

Die ersten Jahre ihrer Ehe verliefen harmonisch, fast glücklich. Als sich Ferdinand den sexuellen Anforderungen der Ehefrau nicht mehr gewachsen sah, wandelte sich sein Verhalten. Er fing an, den Bauern hervorzukehren, ging fast täglich ins Wirtshaus und kam meistens berauscht spät nachts heim. Die Frau vernachlässigte er gröblichst. Wenn er mit den Worten „Spinnen“ und „Verrücktsein“ auf die Geisteskrankheit ihrer Mutter anspielte, verdroß sie dieses unsagbar. Mit der Zeit begann sie darüber nachzudenken, wie sie sich von ihm loslösen könne.

Ihr vermeintliches Elend vertraute Anna der Nachbarin Margarethe Kugler an, der Bäuerin auf dem 40 Tagwerk großen „Binderanwesen“ in Reschberg. Die Kuglers waren erst 1918 aus der Gegend von Mauerberg nach Reschberg gekommen. Von der „Binderin“ (so der Hausname) nahm sich die Schwangler allerhand Lebensmittel wie Brot, Mehl, Schmalz, Butter und Fleisch zu leihen, weil trotz steter Mahnung ihr Mann nicht dafür sorgte, daß genug davon im Hause vorrätig war. Oft klagte Anna darüber, daß ihr „Alter“ im Wirtshaus Zechkumpanen freihalte, für sie aber keine Mark übrig habe. Zu der älteren Margarethe Kugler hatte sie ein freundschaftliches Verhältnis geknüpft, dieser Frau vertraute sie auch intimste Geheimnisse an. Auch vom Seitensprung ihres Mannes in München erzählte sie der Kugler. Diese riet ihr allen Ernstes, sich von Ferdinand scheiden zu lassen. Anna erwiderte darauf: „Scheiden lassen, das hat keinen Zweck wegen der Schande und wegen dem Pfarrer. Der Mann muß weg, muß ganz verschwinden.“ Die Kugler sah Anna kopfnickend fest in die Augen, und diese empfand es als beipflichtende Zustimmung, wie die Freundin sich verhielt.

Am 29. September 1922 waren Anna Schwangler und Margarethe Kugler gemeinsam in Garching. Auf dem Heimweg trafen sie mit Alois Kugler zusammen, der sich ihnen anschloß. Die „Binderin“, längst schon in Gedanken damit beschäftigt, die Anna mit ihrem Sohn Alois zu verbandeln, nutzte den Augenblick der Stunde, die beiden allein zu lassen. Margarethe Kugler rieb sich zufrieden die Hände. „Mit dene zwoa kanns wos wern, wenn der Schwangler nimmer lebt“, überlegte sie und ging weiter heimwärts. Sie sollte recht behalten.

Zwischen Anne und Alois festigte sich das Liebesverhältnis, und sie vergnügten sich sowohl in Reschberg in Aloisens Kammer wie auch in Annas Haus in Pirach. Auch überlegten sie auszuloten, wie Annas Mann, ohne Verdacht zu erregen, aus der Welt geschafft werden könne. Zu einem konkreten Ergebnis kamen sie nicht. Da gerieten sich am 18. Dezember 1922 einige Burschen in der Gastwirtschaft in Lampoding mit Franz Schlaffner, einem bekannten Raufbold, in die Haare. Schlaffner zog eine Armeepistole aus der Tasche und gab einen Schuß in die Luft ab. Ferdinand Schwangler, der als Unbeteiligter die Rauferei verfolgte, sprang den Schützen an und entwand ihm die Waffe. Anna hörte von diesem Vorfall, bewunderte insgeheim ihren Mann wegen seines Mutes, faßte aber dennoch den Entschluß, Franz Schlaffner anzuheuern, Ferdinand zu erschießen. Mit Geld und dem Versprechen, ihm ihre Gunst zu gewähren, hoffte sie, den ständig von Geldsorgen geplagten Gelegenheitsarbeiter für die Mordtat zu gewinnen.

Ohne lange zu zögern, begab sich Anna Schwangler zur Binderbäuerin, um mit ihr den Mordplan zu beraten. Ihr war viel an der Meinung ihrer lebenserfahreneren Freundin gelegen. Margarethe Kugler stimmte nicht nur zu, sondern bestärkte Anna sogar noch, schnellstmöglich zu handeln. In Gedanken sah sie bereits ihren Sohn Alois als künftigen Mann der Anna und als Bauern auf deren Hof.

So stand irgendwann im Januar 1923, morgens um 6 Uhr und noch in der Dunkelheit, Anna Schwangler vor der Wohnung von Franz Schlaffner. Sie beklagte das schlechte Leben mit ihrem Mann, begann plötzlich herzerweichend zu weinen und sagte schließlich schluchzend: „Oh, wennst'n bloß damals z'Lampoding daschoss'n hättst, wieara da Pistoin wegg'nomma hod." Sie wischte sich die Tränen aus dem Gesicht und achtete dabei sehr darauf, wie Schlaffner reagierte. Dann überfiel sie unvermittelt den Verdutzten: „Goid, und ois andere a, kanntatst hom von mia, wennst'n daschiaßt." Erschrocken über dieses Ansinnen lehnte Schlaffner schroff ab. Auch bei einem weiteren Treffen in Tittmoning, bei dem Anna ihm eine Million Mark versprach und die Ehe, sobald das Trauerjahr vorüber sei, lehnte Schlaffner wiederum ab. Er versuchte statt dessen mit aller Eindringlichkeit,

Anna von dem beabsichtigten Verbrechen abzubringen. Daß er dem Bestellbrief gefolgt und nach Tittmoning gekommen war, dazu hatte es für ihn nur einen Grund gegeben: Er wollte mit der Schwangler an der Salzach intim werden. Dazu fand er aber nicht mehr die notwendige Einstellung, weil es ihm mit einem Male vor der Frau graute. Auch die ihm als Entschädigung für persönliche Auslagen angebotenen tausend Mark erschienen ihm als schmutziges Geld, und er wies es zurück.

Anna Schwangler mußte sich etwas Neues ausdenken. In der Zwischenzeit war Margarethe Kugler von der Vertrauten zur Verbündeten geworden, hatte ihren Schwiegersohn Markus Häring gedungen, den Mord an Ferdinand Schwangler auszuführen. Häring holte am Ostermontag (2. April 1923) aus einem Versteck im Anwesen in Reschberg eine Armeepistole, die er aus dem Krieg herübergebracht hatte.

An diesem Ostermontag wurde im Gasthaussaal in Lampoding ein Theaterstück aufgeführt, das Anna Schwangler mit ihrem Mann besuchte. Es war mit Häring und der Margarethe Kugler abgesprochen, daß Anna nach dem ersten Akt Unwohlsein vorschützen und Ferdinand dadurch veranlassen sollte, mit ihr heimzugehen. Im Wald zwischen Lampoding und Pirach würde Häring mit dem Beistand der Kugler warten und Schwangler erschießen. Anna Schwangler täuschte tatsächlich Schwindelanfälle vor, und der Mann ging mit ihr heim. Häring stand mit der Pistole in der Hand hinter einem Baum, die Schwiegermutter Kugler bei ihm als moralische Stütze. Je näher die Schwanglers dem Walde kamen, desto größer quälte Anna plötzlich das Gewissen. Es gelang ihr, statt durch den Wald außen herum zu gehen. Ferdinand Schwangler durfte noch einige Zeit weiterleben.

Alois Kugler, nunmehr willfähriges Werkzeug von Anna Schwangler, griff in das Geschehen ein. Er wollte ein Ende herbeiführen. Erst den Schwangler töten, dann Anna heiraten und Bauer auf dem Schwanglerhof werden. Am 29. August 1923 paßte er mit der geladenen Pistole von Markus Häring im fraglichen Wald auf Schwangler. Dieser war wieder im Wirtshaus in Lampoding und sollte von seinem Ehe-

weib am Abend durch den Wald heimgeführt werden. Weil es in der Wirtschaft jedoch zünftig und gemütlich zuging, war Ferdinand nicht zu bewegen, die gesellige Bierrunde schon so früh zu verlassen. Die Frau mußte allein nach Pirach zurückgehen. Im Wald traf sie auf Alois Kugler und dessen Bruder Bartholomäus, der diesmal Beistand leisten sollte.
Letztendlich ereilte Ferdinand Schwangler aber dann doch das grausige Schicksal. Erst 31 Jahre alt, töteten ihn Pistolenkugeln aus dem Hinterhalt im Wald. Am 9. September 1923 war Anna Schwangler allein zu Hause. Alois Kugler, der ausgespäht hatte, daß auf dem Hof außer der Bäuerin niemand anwesend sei, kam am Nachmittag zu Anna und fragte, ob sie es möglich machen könne, mit ihrem Mann nach Kühnhausen zu kommen. Sie bejahte dieses, worauf Kugler sagte: „Dann kimm i obi ös Hoiz." Damit war ausgemacht, Kugler werde an diesem Abend die Tat vollbringen.
Gegen neun Uhr waren Anna und ihr Mann von Kühnhausen auf dem Heimweg nach Pirach. Schwangler schob das Rad, Anna ging neben ihm her. Dort, wo von Lampoding aus gesehen der Hochwald links des Weges in Niederwald übergeht, sah Anna Alois hinter einem Busch stehen, etwas dahinter kauerte sein Bruder Bartholomäus. Unter dem Verdacht, einen kleinen Kiesel aus dem Schuh zu nehmen, blieb sie stehen. Ihr Mann ging weiter. Als er auf etwa zwei Schritte an Alois Kugler vorbei war, schoß dieser von hinten auf Schwangler. Er hatte nicht voll in den Rücken getroffen. Der von einem Streifschuß nur leicht Verletzte warf das Fahrrad zur Seite und rannte davon, quer durch den Wald gegen den westlichen Waldrand zu. Alois Kugler lief ihm hinterher. Am Waldrand stolperte Schwangler und sank zu Boden. Kugler schoß zweimal auf Ferdinand, der auf dem Rücken lag. Nach dem zweiten Schuß stieß Schwangler ein langgezogenes „Aaaaach" als Schmerzensseufzer aus. Bevor Anna zu ihrem tödlich getroffenen Mann hinzukam, schrie sie dem Kugler noch zu: „Schiaß no amoi drauf, daß er g'wiß hin is."
Anna Schwangler nahm aus der Joppeninnentasche des Toten dessen Brieftasche mit 70 Millionen Mark Inhalt heraus (Inflationsgeld), in die äußeren Taschen hatte sie nicht gegriffen und deshalb einen dort

befindlichen 500-Millionenmarkschein übersehen. Mit Hilfe der beiden Kuglerbrüder legte sie den Getöteten in eine Zeltplane, schnürte sie wie ein Paket. Die Kuglers trugen die Leiche zum See. Etwa um Mitternacht kamen Alois und Bartholomäus Kugler ans Fenster von Anna und berichteten ihr, die Leiche sei im See versenkt.

Anna Schwangler wurde am 29. September 1923 in Untersuchungshaft genommen. Sie leugnete zunächst, etwas mit dem Mord an ihrem Mann zu tun zu haben, nannte dann aber in zahlreichen Vernehmungen Zug um Zug Motiv, Tatplanung, Tatvorbereitungen, Tatausführung, Mittäter und Gehilfen. Nach deren Festnahmen waren allesamt umfassend geständig.

Das Volksgericht beim Landgericht Traunstein sprach am Mittwoch, dem 30. Januar 1924 das Urteil:

1. *Schwangler Anna, geborene Steiner, geboren am 4. Juni 1895 in Pirach, Gemeinde Kirchanschöring, Bezirksamt Laufen, verwitwete Bäuerin in Pirach, seit 29. September 1923 in Untersuchungshaft im Landgerichtsgefängnis in Traunstein,*
   wird wegen eines Verbrechens des Mordes, begangen in Mittäterschaft, zum Tode verurteilt – die bürgerlichen Ehrenrechte werden auf Lebensdauer aberkannt.
2. *Kugler Alois, geboren am 15. Februar 1899 in Mauerberg bei Garching, lediger Bauerssohn in Reschberg, Gemeinde Kirchanschöring, seit 3. Oktober 1923 in Untersuchungshaft im Landgerichtsgefängnis in Traunstein,*
   wird wegen eines Verbrechens des Mordes zum Tode verurteilt – die bürgerlichen Ehrenrechte werden auf Lebensdauer aberkamit.
3. *Kugler Bartholomäus, geboren am 14. Juli 1902 in Mauerberg, lediger Bauerssohn von Reschberg, seit 4. Oktober 1923 in Untersuchungshaft im Landgerichtsgefängnis in Traunstein,*
   wird wegen eines Verbrechens der Beihilfe zu einem Verbrechen des Mordes zu einer Zuchthausstrafe von drei Jahren verurteilt – die bürgerlichen Ehrenrechte werden auf fünf Jahre aberkannt.
4. *Kugler Margarethe, geboren am 30. Juli 1873 in Mettenheim, verheiratete Bäuerin in Reschberg, seit 29. Januar 1924 in Untersuchungshaft im Landgerichtsgefängnis in Traunstein,*

wird wegen eines Verbrechens der Beihilfe zu einem Verbrechen des Mordes zu einer Zuchthausstrafe von acht Jahren verurteilt – die bürgerlichen Ehrenrechte werden auf die Dauer von zehn Jahren aberkannt.

Anna Schwangler wurde zu lebenslangem Zuchthaus begnadigt. Sie büßte zunächst bis 27. Juli 1928 in der Landesfrauenstrafanstalt Aichach, wurde dann wegen Geisteskrankheit in die Heil- und Pflegeanstalt Haar eingewiesen. Wieder für haftfähig erklärt und nach Aichach zurückverlegt, verbrachte sie dort insgesamt 22 Jahre in Strafhaft. Am 11. März 1946 bedingt entlassen zu Angehörigen nach Pirach, erließ ihr das Bayerische Staatsministerium der Justiz am 6. Oktober 1950 den Strafrest.
Alois Kugler wurde zu lebenslangem Zuchthaus begnadigt. Er starb am 17. Juni 1944 im Strafgefangenenlager Börgermoor, in den Sümpfen Friedlands.

Anmerkungen des Verlags

1 Seite 30: Möglicherweise ist der Stephansposchinger Ortsteil Steinfürth gemeint, denn in Steinkirchen sind die Täter ja losgefahren.

2 Seite 62: Heute ist an der Stelle der Ort „Oberkenading“, ob der Ort früher anders hieß, ließ sich nicht mehr feststellen.

3 Seite 97: Es muss wahrscheinlich 1920 heißen, denn Josef Hofmann war erst seit 18.2.1920 verheiratet.

4 Seite 125: Es muss „halb 7 Uhr“ heißen, vermutlich wurde „6 ½ Uhr“ falsch interpretiert.

NACHWORT

Kaum ein Tag vergeht, an dem die Öffentlichkeit nicht durch Schlagzeilen aus Tageszeitungen oder durch Rundfunk und Fernsehen von Mord, Terrorismus und anderen Verbrechen unterrichtet wird. Gewaltverbrechen gehören in unserer Zeit leider schon zum Alltag. Manch einer wünscht sich deshalb in die „gute alte Zeit“ zurückversetzt, in der das Leben scheinbar einen ruhigeren und weniger gefährlichen Verlauf genommen hat. Jedoch, es gab zu allen Zeiten Gewalttaten, seit die Gattung Mensch existiert. Dieses ist nur in der Erinnerung verblaßt.

Mörder wurden früher zum Tode verurteilt und hingerichtet, andere Gewaltverbrecher zu langen, harten Zuchthausstrafen verurteilt.

Im Ersten Buch des Strafgesetzbuches für das Königreich Bayern von 1813 waren im Artikel 2 Absatz 1 die strafbaren Handlungen bereits klassifiziert in Verbrechen, Vergehen und Polizeiübertretungen. Alle vorsätzlichen Rechtsverletzungen, die wegen Beschaffenheit und Größe der Übeltat mit Todesstrafe, Kettenstrafe, Zuchthaus, Arbeitshaus, Festungsstrafe, mit Dienstentzug oder Unfähigkeitserklärung zu allen Würden, Staats- und Ehrenämtern bedroht waren, hießen Verbrechen.

Wer zum Tode verurteilt war, wurde mit entblößtem Kopf, gekleidet in einen grauen Kittel, mit einer Tafel auf Brust und Rücken, worauf das begangene Verbrechen genannt war, zum Richtplatz geführt und mit einem Schwerthieb enthauptet. Hatte das Gesetz „geschärfte Todesstrafe“ bestimmt, wurde der Delinquent vor der Enthauptung noch eine halbe Stunde lang von dem Scharfrichterknechte an den Pranger gestellt (in einem Käfig, die Menschen durften ihn beschimpfen, anspucken, mit Dreck bewerfen).

Wer zur Kettenstrafe verurteilt war, galt vom Augenblick der Rechtskraft des Urteils an als bürgerlich tot, verlor den gesamten Besitz an die Erben, durfte nichts mehr besitzen und nichts mehr für sich erwerben, war unfähig, eine gültige Ehe zu schließen, eine schon geschlossene Ehe hörte sich bürgerlich auf wie durch natürlichen Tod.

Der Staat gebrauchte Kettensträflinge beliebig zu öffentlichen Arbeiten, bei Austrocknung von Sümpfen und Moorgründen, in Steinbrüchen und dergleichen mehr. War keine Gelegenheit zu öffentlicher Arbeit vorhanden, wurden Kettensträflinge im Zuchthaus von den übrigen „Züchtlingen" einzeln in einem abgesonderten Raum verwahrt. Die Zellen waren ausgestattet mit einem groben Holztisch, einem Hocker, einer Holzpritsche und einem Blecheimer für die menschlichen Exkremente. Das Fenster der Zelle hatte nur einen Schlitz, zu eng für einen Blick auf die Sonne, und der Häftling, Gußeisen an den Füßen und Ketten an den Händen, konnte nur hoffen, bald zu sterben. Selbstmord zu begehen war wegen der ausgeklügelten Überwachung und der Sicherheitsvorkehrungen unmöglich gemacht.

König Maximilian II. von Bayern begnadigte zum Tode verurteilte Mörder sogar gegen deren Willen, wenn es nötig wurde, dem Staat für öffentliche Arbeiten billige Arbeitskräfte zu beschaffen. Unter König Ludwig II. von Bayern wurde die Kettenstrafe aus dem Strafgesetzbuch von 1862 herausgenommen, an die Stelle der Enthauptung mit dem Schwerte trat die Vollstreckung der Todesurteile durch die Guillotine.

Nach dem Ende des Ersten Weltkrieges wurden am Sitz der Landgerichte durch den Landtag des Freistaates Bayern per Gesetz Nr. 43 vom 12. Juli 1919 Volksgerichte eingesetzt, die danach neben anderen Verbrechen gegen den Staat auch Mordfälle abzuurteilen hatten. Sie sprachen rigoros drakonische Strafen aus, ihre Urteile waren an Förmlichkeiten des ordentlichen Strafverfahrens nicht gebunden. Deswegen wurden Todesurteile schnellstmöglich, und ausschließlich durch Erschießungskommandos von Militär oder Bayerischer Landespolizei, vollstreckt.

Mit Artikel 102 des Grundgesetzes für die Bundesrepublik Deutschland vom 23. Mai 1949 wurde die Todesstrafe abgeschafft, und mit dem 1. Gesetz zur Reform des Strafrechts vom 25. Juni 1969 setzte dessen Liberalisierung in größerem Umfange ein. Seither gibt es die Freiheitsstrafe.

Johann Dachs

DER AUTOR

Johann Dachs (1928–2007) wurde in der Nähe von Bad Kötzting im Bayerischen Wald geboren, war Diplomverwaltungswirt (FH) und Erster Polizeihauptkommissar in Dachau.
Während des Zweiten Weltkriegs geriet er in amerikanische Kriegsgefangenschaft. Nach seiner Heimkehr 1943 schloss er eine Verwaltungslehre bei der Stadtverwaltung Straubing ab und trat 1946 als damals jüngster Vollzugsbeamter in Deutschland in den Dienst der Stadtpolizei Straubing ein. Nach seinem Wechsel zur Bayerischen Landespolizei im Jahr 1947 war er ab 1951 Ausbilder in der Bayerischen Bereitschaftspolizei, später arbeitete er als Hundertschaftsführer bei der Bereitschaftspolizei in Dachau, danach wurde er Leiter der Polizeiinspektion 24 und der nachmaligen Inspektion 31 in München, aus der er 1988 als dienstältester Beamter im Polizeivollzugsdienst in den Ruhestand ging. Johann Dachs galt seitdem als ein erfolgreicher Autor von Zeitungs- und Zeitschriftenbeiträgen sowie von heimatkundlich zeitgeschichtlichen Kriminalsachbüchern und Biografien. Auch fast 20 Jahre nach seinem Tod stoßen seine spannenden, aber trotzdem immer sachlichen Darstellungen von bayerischen Kriminalfällen auf großes Interesse.

QUELLENANGABEN

Abb. 1: Nr. 1903/7, Staatsarchiv Amberg
Abb. 2: Staatsarchiv Amberg
Abb. 3: Staatsarchiv Landshut
Abb. 4: Staatsarchiv Landshut
Abb. 5: Staatsarchiv Landshut
Abb. 6/7: Rep. 167/2-1180, Staatsarchiv Landshut
Abb. 8: Staatsarchiv Landshut
Abb. 9: Rep. 167/2-1199, Staatsarchiv Landshut
Abb. 10: Rep. 167/2-2790, Staatsarchiv Landshut
Abb. 11: Rep. 167/2-1199, Staatsarchiv Landshut
Abb. 12: Staatsarchiv Landshut
Abb. 13: Rep. 167/3 St-Nr. 301, Staatsarchiv Landshut
Abb. 14: Staatsarchiv Landshut
Abb. 15: Staatsarchiv Landshut
Abb. 16: Staatsarchiv Landshut
Abb. 17–19: Staatsarchiv Landshut

WAHRE VERBRECHEN IN BAYERN

Johann Dachs:
Verurteilt und hingerichtet
Berühmte Kriminalfälle aus der Oberpfalz und Niederbayern
2. Auflage, 144 Seiten
Format 13,5 x 20,5 cm, Broschur
ISBN 978-3-86646-769-9 • 11,90 €

Johann Dachs:
Wahre Mordgeschichten
Kriminalfälle aus Niederbayern und der Oberpfalz
4. Auflage 2023, 160 Seiten
Format 13,5 x 20,5 cm, Hardcover
ISBN 978-3-95587-425-4 • 16,90 €

Isolde Stöcker-Gietl:
Auf den Spuren des Todes
Wahre Verbrechen in Ostbayern
2. Auflage 2022,
200 Seiten, Broschur
Format 13,5 x 20,5 cm, Broschur
ISBN 978-3-86646-387-5 • 17,90 €

Susanne Mittermaier:
Alles, was recht ist
Bayerische Kriminalfälle vor Gericht
208 Seiten, Klappenbroschur
Format 14,5 x 21,5 cm
ISBN 978-89251-501-2 • 12,90 €